3分钟，让公司介绍发光

中小企业品牌和影响力打造第一步

邢小兰 著

電子工業出版社
Publishing House of Electronics Industry
北京•BEIJING

图书在版编目（CIP）数据

3分钟，让公司介绍发光：中小企业品牌和影响力打造第一步 / 邢小兰著．
—北京：电子工业出版社，2023.1
ISBN 978-7-121-44456-2

Ⅰ．①3…　Ⅱ．①邢…　Ⅲ．①中小企业—品牌营销　Ⅳ．①F276.3

中国版本图书馆CIP数据核字（2022）第203291号

责任编辑：张振宇　　特约编辑：田学清
印　　刷：三河市良远印务有限公司
装　　订：三河市良远印务有限公司
出版发行：电子工业出版社
　　　　　北京市海淀区万寿路173信箱　　邮编：100036
开　　本：880×1230　1/32　　印张：7.375　　字数：152千字
版　　次：2023年1月第1版
印　　次：2023年1月第1次印刷
定　　价：78.00元

凡所购买电子工业出版社图书有缺损问题，请向购买书店调换。若书店售缺，请与本社发行部联系，联系及邮购电话：（010）88254888，88258888。

质量投诉请发邮件至zlts@phei.com.cn，盗版侵权举报请发邮件至dbqq@phei.com.cn。

本书咨询联系方式：（010）88254210，influence@phei.com.cn，微信号：yingxianglibook。

序 应对商业场景骤变，重构公司传播体系

一、本书的写作背景

在本书撰写过程中，我始终在思考一个问题：我们正处于一个怎样的时代?

据2021年1月18日全国市场监管工作会议发布的消息，在"十三五"期间（2016—2020年），我国年均净增市场主体1247.7万户。2020年1月2日国家市场监督管理总局数据显示，全国实有市场主体1.19亿户，平均每月增长率稳定在12%以上。按全国总人口14亿计，市场主体占全国总人口的8.5%。

有心的读者只要看看身边的人（包括家人、朋友）的职业，便可以非常容易地估算出，平均十人中有七人以上在为各类企业主体工作，可见企业人员数量之庞大。

各类市场主体从性质上来说，包括国有企业、集体企业、私营企业、外资企业等；从组织形式上来说，包括独资企业、合伙企业、控股企业等；从规模上来说，包括大型企业、中型企业、小型企业、微型企业、个体工商户、农民合作社等。各企业主体虽然类型不同，但在同一个时代背景下遵从的商业逻辑是相同的。

对任何一个市场主体而言，要想真正立足市场，开展市场经营活动，必须有公司介绍，就像注册公司必须填写经营范围一样。随着科技的飞速发展，人类社会进入移动互联网时代，任何公司都无法脱离数字技术快速发展的时代大背景而独立存在。

信息技术的发展在很大程度上改变了人们的消费习惯，也刷新了人们的消费观念，在线购物、直播带货、微商等线上交易形式层出不穷，线上交易量占比呈大幅上升趋势，商业生态、产业生态正在发生巨大的转变，由此带来的商业场景骤变使每个人体会深刻。虽然商业场景一直在变化中，从 20 世纪 80 年代到现在，清晰地呈现出“全国供销系统—百货公司—超级市场—专业化卖场—大型商业综合体—在线购物”这样一条清晰可辨的路线，但近十年的变化更体现为在量变基础上的质变。随着移动互联网技术在商业场景中的应用日益广泛，以公司介绍为核心的公司传播体系重构成为迫切需要。

以前，人们相信“好酒不怕巷子深”是商业王道，那是基于传统商业场景和产业价值链相对稳定的时代背景。比如，厂家建立厂房需要一定的时间，一旦投产，自然就会保持多年不变。商业批发市场是相对稳定的交易场所，零售市场同样如此，生产、销售、消费各方以实体的方式进行面对面的沟通和交易。但现在，移动互联网技术的不断成熟和数字技术的发展已经打破了传统的商业逻辑，无论是商业生态系统还是产业生态系统，都发生了根本的变化。

2020 年，在腾讯 22 岁生日之际，马化腾展望了行业的未来：现在，一个令人兴奋的机会正在到来，移动互联网十年发展，即将迎来下一波升级，我们称之为全真互联网。从实时通信到音视频等一系列基础技术已经准备好，计算能力快速提升，推动信息接触、人机交互的模式发生更丰富的变化。

马化腾指出，这是一个从量变到质变的过程，它意味着线上线下的一体化，实体和电子方式的融合。虚拟世界和真实世界融合的大门已经打开，无论是从虚到实还是由实入虚，都在致力于帮助用户实现更真实的体验。从消费互联网到产业互联网，应用场景也已打开。通信、社交在视频化，视频会议、直播崛起，游戏也在云化。随着新技术（如 VR）、新的硬件和软件在各种不同场景的应用，我相信又一场“大洗牌”即将开始。就像移动互联网转型一样，上不了船的人将逐渐落伍。

马化腾还指出，技术正在全链条地重塑产业生态的每一个环节，从生产制造到物流营销。对于新的技术趋势的理解需要跨部门、跨公司、跨领域的协作，环环相扣，步步衔接。这是一个共同进化的过程，如同生物进化一样，每一个个体的选择都将影响最终演化的路径。反应的速度也是影响的关键因素。在这样的变革面前，无论是ToB还是ToC，每个人都要打破传统的界限，尽可能去一线寻找解决问题的方法与思路，才能重新定位，更快到达下一个路标。

回顾近十年的经济发展，各行各业都在致力于信息化、数字化、智慧化变革。比如，在交通运输行业，铁路、航空、海运、公路、客流、物流、快递等，无论是硬件还是软件都发生了巨大的变化，每一项变化最终都体现在人们的消费体验中。在金融行业，网上服务的开通使得银行网点从原来人满为患变得有时候门可罗雀，甚至有些银行网点被撤并。商业批发零售行业更是一路领先，淘宝、天猫、京东、拼多多自不必说，就连家居行业的居然之家、红星美凯龙、宜家，家电行业的苏宁、国美，哪一家不在加紧完成数字化改造？甚至一些大型制造公司，不仅入驻各大电商平台，还开始逐步建立自己独立的网上商城，打造线上线下相融合的营销渠道。

正是这些不可逆转的巨大变化，让各行各业、各个市场主体重新思考如何在商业场景骤变的网络和数字化时代重新定义自我、更好地展示自我，以不被更懂互联网营销、数字化营销的“黑马”取代。

在互联网+、物联网、云计算、大数据、在线购物、移动支付时代，如何介绍公司及公司的产品和服务，如何推广品牌，如何推动销售，已经成为大多数公司无法回避的问题。做好数字营销时代的公司介绍及产品、服务介绍，完善公司的数字化平台和渠道，已经成为各家公司重构传播体系的当务之急。

此外，新型冠状病毒肺炎疫情客观上起到了加速推进产业和商业数字化生态建设进程的作用。那么，我们应如何顺应数字化时代的大趋势，适应市场和人们消费习惯的变化，从而做好公司介绍呢？如何让公司的产品、服务介绍与消费者需求无限贴近是本书要研究和探讨的主要内容。

二、本书为谁而写

既然公司介绍如此重要、应用如此广泛，那么谁与公司介绍有关?

1. 领导决策层

领导决策层的重视是做好公司介绍的重要前提。领导决策层的全局视野和系统思维有利于为公司介绍提供顶层设计。然而，并非所有的领导决策层都能对公司介绍有全面、系统、长远的思考和认识。常见的情况是领导决策层要么不为所动，反应不灵敏，跟不上环境和技术的变化，错失了良机，要么只顾赶时髦，看到什么技术手段新颖就采用什么技术，全盘否定旧事物。

比如，有些领导决策层看到公众号时髦就停办内部报刊；看到竞争对手使用微博，就把公众号“打入冷宫”；在搜索网站上投了广告，便不再更新官网……诸如此类，都是公司领导决策层常犯的错误。究其原因，绝大多数是领导决策层缺乏系统思维，被市场表象迷惑，想以最小的投入换取最大的收益，只图“短平快”，而忽略了数字化时代公司传播的系统性、多样性、联动性问题。

对公司领导决策层来说，本书旨在阐明公司介绍是一种思维模式，而不只是撰写一篇干巴巴的关于公司的文章或编写一本花里胡哨的宣传画册那么简单。在数字化时代，公司介绍需要根据各种商业场景、特定目标，进行一对一的精准策划、制作与传播。

在数字化时代，公司介绍也要与时俱进，形成多层次、多方面、多载体、专业化、系列化的传播内容，构建多样的传播渠道。我们要将对公司介绍的重视程度向对产品研发、市场营销的重视程度看齐，将公司介绍融入产品研发、市场营销的全过程中。唯有如此，才能在公司介绍的制作和传播中投入足够的人力、物力和财力，为专业化、高水平的制作和推广提供保障。

2. 专业制作人员

本书适合公司介绍的专业制作人员阅读。这里的“专业制作人员”，具体指的是在公司介绍制作流程中涉及的所有环节的人员，包括文案写作、摄影、美工、排版、设计、校对、统筹、法务、印务人员等，甚至包括产品设计人员与市场人员。这些专业制作人员无论是专职还是兼职，通过阅读本书，可以达成一些基本理念共识，掌握一些基本的方法，从而有利于各环节相互理解与配合，使各环节之间既能独立、高效、优质地完成各自的工作，又能充分理解并配合其他环节的工作，最终使整个制作流程的协作严密、顺畅、高效、愉快。

3. 公司介绍的使用者

在数字化时代，一个显著的特点是全员营销、全员品牌，每位员工都是公司介绍的参与者和受益者。如果公司介绍只是一个数字化文件，承载着公司某一方面的信息，那么每位员工都可以通过自己的渠道和方式将其传达给特定的对象。

由于员工也是数字化时代的一员，其人设也会给公司介绍注入个人信息，而公司的市场人员更能站在客户的角度审视公司介绍的水平和效果，了解市场的第一反馈，因此让市场人员了解公司介绍的制作细节是很有必要的。他们会更容易在使用中发现公司介绍的优缺点，并及时反馈给专业制作团队，以便专业制作团队对公司介绍进行改进和完善。他们当中可能还有十分用心的人，会直接要求专业制作团队为他们量身定制适合在日常工作中随机使用的小而美、小而巧、小而妙、小而有趣的推广手册。在专业制作团队设计和制作公司介绍的过程中，这些市场人员非常乐意协助他们并提出创意和进行试用测评，直到大家都满意为止。正因为自己付出了心血和智慧，所以在推广和使用的过程中，市场人员会更有把握，他们知道何种情况、何种时机推送哪款介绍能够打动客户，让客户体会到公司的专业和敬业，让客户获得不一样的消费体验。

当然，使用公司介绍频率较高的还是市场、营销、品牌、广告部门的人员及各个部门的管理者，这些人员最好能够不同程度地参与公司介绍的编制，为公司介绍提供丰富的素材与优秀的创意。

只有了解了公司介绍无时不在、无处不在、无人不用的重要性，员工才会认真对待它，高效地利用它来辅助自己完成本职工作，同时使每位员工意识到，自己的本职工作也在为公司介绍增色。

三、本书的特色

1. 理论、方法、案例兼顾

无论是简明扼要的公司简介，还是专业性很强的专项介绍，乃至设计精美的综合介绍；无论字数多少、载体是什么，公司介绍都是为了明确的目的而编写的。明确的目的决定了公司介绍高度的实用性。

对公司的各个系统、各个部门而言，呈现给客户的公司介绍侧重点应当有所不同。针对不同的商业活动，还要撰写具有针对性的公司介绍。此外，随着公司规模的扩大和实力的增强，公司介绍也应不断地丰富与优化。当公司发展到一定阶段，大家自然会发现一两千字的通用简介已经无法很好地介绍公司的实际情况了。因此，各个部门要根据本部门的实际情况和具体的业务需要，撰写适合本部门对外展示的公司介绍。

本书详尽地阐述了公司介绍的概念、组成、应用场景、主要内容、编写要点等，以及各个部分、各个环节如何具体执行。本书引用了大量案例，这些案例均来自相关公司的官方渠道（随着时间的变化，书中有的案例已有所变动），均为公开资料，具有真实性和可借鉴性，读者朋友可以从中学习，取长补短，速见成效。

2. 史料研究与品牌传播并举

本书所选案例来自各行各业的龙头企业，以及一些行业细分领域的隐形冠军企业。通过这些公司介绍，读者可以了解成功企业的发展轨迹和成功的方法。这些案例也是我在企业咨询工作中经过长期观察、研究积累的。从某种意义上来说，书中理论观点的形成也得益于我习惯长期观察一些成功企业。本书的部分案例可以说是所选企业的一次集体“路演”，它们所交出的答卷确实让人感到震撼和骄傲，相信它们所做出的成绩可以激发更多的企业奋勇向前、勇创辉煌。

在本书即将收尾之时，我脑海中闪过一个念头：如果将我写作过程中参考的公司介绍进行编

更多公司介绍

目，作为本书的延伸资料，也许能使读者更容易理解我的观点，更有效地启发读者的思维，引发读者深入思考。

我衷心希望以本书的出版为契机，建立一个企业内部文献资料馆，兼具资料收藏和企业历史研究的双重功能。资料馆还可以将我在写作本书过程中参考的公司介绍进行展出，对有共同兴趣爱好的专业人士开放。如果这个愿望可以实现，不妨把这个资料馆称作企业故事馆，或许它可以为大家提供一个感受中国企业的发展历史和力量的空间。

3. 新视角、新启发、新赋能

本书从公司介绍这一尚未引起大家重视的角度审视市场推广、产品营销、品牌资产积累和可持续经营，为各类职场人士开启了一扇观察与思考之窗。在这里，让我们用心欣赏不一样的风景，畅快呼吸不一样的鲜氧，动手开启职业新境界。

写是做的记录。要想写好公司介绍，应先做好公司经营管理工作。正所谓“巧妇难为无米之炊”，这是基本的逻辑。写是做的升华。在写中反思、总结，树立新目标，积蓄新动能，成就新辉煌，这是更重要的指导价值。

希望读者通过阅读本书，能进一步提高对公司介绍重要性和系统性的认识。在公司日常经营管理中，认真总结过去和当下，精心规划未来，踩准时代前行的节拍，以坚实的足迹和辉煌的业绩，让公司介绍越来越精彩，让公司品牌越来越亮丽。

邢小兰

2022 年 6 月

目　录

第一章

公司介绍概述

从系统化层面思考公司介绍

按照系统化思维考量公司介绍框架

找准坐标，扬长补短，联动运作

一、什么是公司介绍

为了让相关方了解公司的各方面情况，向其宣传、推介公司，便需要编写、制作公司介绍。

公司介绍的载体很多。无论是口头的公司介绍，还是印在纸上、展示在官网上、在会议现场通过 PPT 展示的公司介绍，本质都是向特定对象介绍公司的情况。

公司介绍的应用十分广泛。无论是接待来访客户还是主动拜访客户，或是参加大型行业展会、在产品的卖场，公司介绍都是必不可少的。

二、公司介绍的组成

从内容来看，公司介绍包括公司简介、综合介绍、专项介绍、其他介绍等。

1. 公司简介

公司简介是公司介绍中最简要、便捷的一种类型，其简明扼要，概括性强，通常只有文字，从几百字到上千字不等，内容包括公司基本概况、主营业务、优势、所获荣誉和奖项、企业文化、未来展望等。

2. 综合介绍

综合介绍是对公司的全面介绍，通常以手册的形式出现，因此又被称为宣传手册。由于综合介绍通常有大量的图片，它还被称为宣传画册。

3. 专项介绍

专项介绍是指公司某个系统针对特定目的编写的专门介绍，也可以理解为分项介绍、专题介绍，如产品介绍、社会责任介绍、企业文化介绍、技术创新介绍、工会介绍、党群工作介绍等。因为专项介绍针对性很强，所以其内容更具体、详细。

4. 其他介绍

一些公司将公司介绍做得十分全面，甚至到了见缝插针的地步。小到一款动图、一个趣味表情包，大到一幅节日公益海报、一个文创产品，都能让人看到公司介绍的良苦用心和无限创意。

文创产品。众所周知，腾讯的 Logo 是一只企鹅。在腾讯看来，这只企鹅是一个生命，有血肉，有情感，有思想。因此，腾讯将这只企鹅设计成了文创产品，不断开发其形象价值。2021年新春，腾讯为企鹅设计了新形象——黑白身体、头戴牛角帽，寓意牛转乾坤、牛气冲天。如果有人把不同版本的腾讯企鹅公仔搜集在一起，都完全可以举办展会了，难怪有人戏称腾讯为“鹅厂”。腾讯到底多么喜欢在企鹅身上做广告呢？据说，就连腾讯员工离职时，都会收到人力资源部门赠送的一只小小企鹅，以留作纪念。不得不说，腾讯企鹅被赋予了特殊的使命，腾讯为宣传公司使出了浑身解数。

趣味表情包。一些公司为了适应微信社交传播的需要，精心设计了一系列趣味表情包。这类表情包通常会做成动图形式，通常包括四种要素，即品牌名称、品牌 Logo、品牌广告语和问候语，充分植入了公司的产品和服务，营销人员可以随时使用。此外，还有一些公司甚至抓拍领导的表情，并将其用心设计成多款表情包，用于鼓励员工，打造品牌亲和力，这甚至成了产品营销和品牌传播的趣味工具。

节日公益海报。元旦、春节、“三八”妇女节、植树节、

“五一”劳动节、“五四”青年节、端午节、国庆节、中秋节……在有心的公司看来，每个节日都是进行品牌宣传的大好时机。某公司公众号，每到节日都会将一些公司的宣传海报收集在一起进行集中展示，供大家交流学习，同时在提醒大家：越成功的品牌，越不放过任何一个宣传自己的时机。这些成功的品牌在一张手机屏幕大小的海报上精心设计节日主题语，巧妙地将品牌信息植入其中，让人们看后不仅不会产生对“蹭热点”的厌恶之情，反而可能欣赏并由衷敬佩。因此，在公司介绍和品牌宣传上，不必担心自己做得太多，而是应投入精力，在这方面更加用心。保持足够真诚并有优秀的创意，总会被人们接纳和欣赏。

节日创意策划。很多品牌将节日视为品牌宣传的大好时机和产品销售的黄金节点，往往会精心策划一些节庆活动，使得品牌宣传事半功倍。2021 年，马可波罗瓷砖围绕重大节日策划了一系列品牌活动，如在春节前夕，其特别策划了董事长通过抖音拜年（以往主要通过手机短信拜年）的活动。拜年视频一发布，点赞量高达二十几万次，取得了良好的传播效果。这个视频还使公司视频号的流量得到了提升。在 2021 年中秋节这个营销节点上，马可波罗瓷砖结合产品特性设计了一系列节日海报，并利用剪辑软件将其做成视频，节日期间视频日均播放量达到 2 万次。经过仔细研究这个视频，我发现从文字、图画、配乐等方面来说，其都是节日宣传的典范。2021 年 10 月，该公司又启动了公益项目，通过与故宫合作，共同举办文化大讲堂，开展线上线下的古建筑介绍与建筑文化讲座，拉近了非遗专家与普通民众的距离，还意外地收获了“御品金砖”的产品创意，由此可见文化创意的力量之大。

三、公司介绍的系统化思维

在移动互联网与大数据时代，公司介绍应该具有系统化思维，图 1 – 1 所示为公司介绍系统化思维导图。所谓系统化思维，就是从内容、形式、传播、效果等方面综合思考公司介绍的体系架构应如何建立，并进一步思考如何进行具体操作。

1. 内容：专业化、系列化

从内容来看，由简明扼要到翔实具体，公司介绍可以分为公司简介、综合介绍、专项介绍三个层次。三者的体量、内容介绍的侧重点、形式、载体、传播优势、适应的传播媒体和传播渠道都不同，它们既可以独立存在，又可以相互关联。每个综合介绍和专项介绍的开头部分一般是公司简介，而公司简介中的各部分内容又都可以延展出一个专项介绍。综合介绍可以视为公司简介的扩写（扩容与充实），而公司简介是综合介绍的内容提要和大

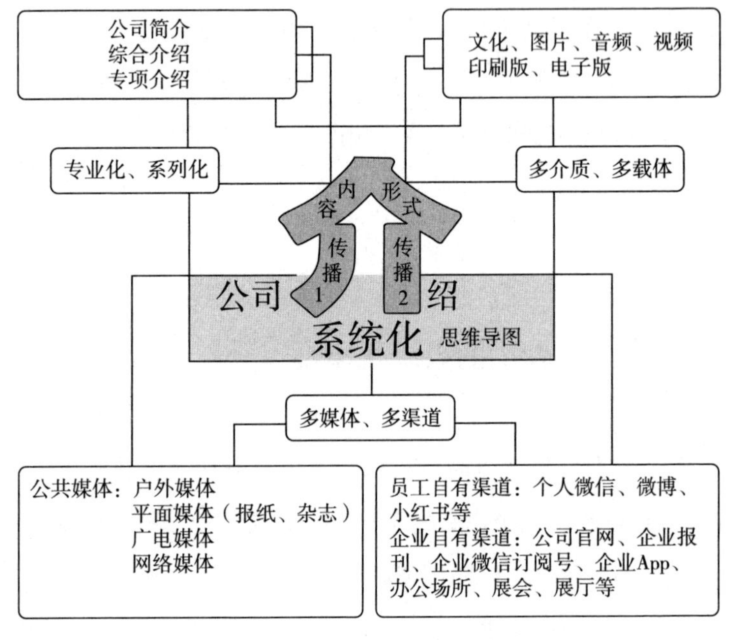

图1－1　公司介绍系统化思维导图

纲。专项介绍通常围绕公司的某个专门领域进行重点介绍，比综合介绍涉及的外延小，但对所涉及领域信息的介绍十分翔实、具体。

凡重视品牌宣传的公司，一般都有多种版本的公司介绍。以印刷版公司介绍为例，单页或折页形式的公司简介自不必说，装订成册的宣传手册也是必不可少的，它们的主要作用是配合各个系统、各个部门在多种场合进行具有针对性的对外宣传。此外，诸如产品手册、项目案例手册、党建手册、社会责任报告等，都是体现公司各领域优势的专项介绍。

以上所列的公司介绍，虽然内容的侧重点和详略各有不同，但本质都是借公司发展的每个有利时机来总结成绩，精心策划传播亮点，起到对内凝心聚力、对外强化品牌影响力的作用。

随着信息传播技术的不断发展和市场竞争的日益激烈，公司介绍的编写和制作越来越朝着专业化方向发展。各家公司针对不同的阅读对象和市场用途，量身打造适合不同媒介传播的公司介绍，这一特性和趋势可称为公司介绍的专业化、系列化。

这三个层次的公司介绍从不同的层面，针对不同的用途对公司的基本信息进行整理和编辑。三者的信息来源是相同的，所传达的信息是可以相互印证和支持的。三者共同构成公司介绍的完整体系，也共同构成公司品牌传播的完整体系。

2. 形式：多介质、多载体

从形式来看，公司介绍的所有内容（包括公司简介、综合介绍和专项介绍）都既可以用文字、图片、音频、视频的形式独立表达，也可以用多种形式相结合的方式进行表达。

从载体来看，公司介绍既可以是印刷版的彩页或图文并茂的手册，也可以是语音版的介绍，还可以是长短不等的视频版宣传片。不同的形式和载体各有优点，互不冲突。这一特性可称为公司介绍的多介质、多载体。

3. 传播：多媒体、多渠道

从公司介绍的传播渠道来看，分为自有渠道与公共渠道。

自有渠道包括两类：一类是员工自有渠道，如个人微信、微博、小红书等；另一类是企业自有渠道，如公司官网、企业报刊、企业微信订阅号、企业 App、办公场所、展会、展厅等。

公共渠道包括户外媒体、平面媒体（报纸、杂志）、广电媒体、网络媒体等。

在媒介多元化、去中心化的时代背景下，每个传播渠道都是不可忽视的。

总之，在数字化时代，我们应大力构建公司介绍体系。公司介绍体系的构建不是一成不变、一劳永逸的，从内容到形式，从载体到传播渠道，都需要不断迭代与更新，这样才能使品牌保持活力。

第二章

公司介绍的分场景应用

处处都是公司介绍的场域

公司介绍可以无处不在。只要你有意宣传公司，就可以将任何地方当作公司介绍的场域。下面介绍几种典型的公司介绍应用场景。

一、公司介绍在商务活动现场的应用

有一次我应邀参加某大型商务活动，现场参加者多达七八百人。组织方为了方便大家交流，面对面建立了微信群。在建立微信群的同时，主持人还宣布了一个激动人心的消息：该公司本月底将上市，公司创始人也来到了现场，并且会在微信群里发放5万元红包，与大家一起分享公司上市的喜悦。

现场气氛顿时变得十分热烈，大家加快了加入微信群的速度。与此同时，微信群里的红包雨已经下了起来，大家都集中注意力，紧紧盯着红包，不断有人进群的信息排成了一条长龙。这时，一些人趁机将自己的打招呼语、自我介绍、公司简介等发到微信群里，吸引群友关注。我认为，大家都是专程来参加本次活动的，在商言商，抓住一切机会宣传公司，这才是敬业的职场人。

再看大家发到微信群里各种形式的介绍，显然是提前准备好的：有的是一小段简洁明了的文字，有的是一个 PPT 文件，有的是一个小程序，有的是公司官网的链接，有的是公司的微信二维码，有的是公司的最新动态，有的是带有公司 Logo 的动图……总之，这些介绍五花八门，各具特色。如此看来，在微信社交时代，有心的公司已经准备好了适合微信传播的公司介绍。直到今天，这个微信群仍然存在着，一直是满员状态，而且非常活跃。发红包的那位企业家还是群主，并且该微信群已成为这家公司的“夸夸群”。

回顾我国经济发展的历史，20 世纪 80 年代，人们刚刚开始使用商务名片。那时候，针对如何交换名片和如何做自我介绍，很多公司还会认真地给员工开设商务礼仪课程。而现在，名片虽然还在使用，但它的地位与作用已经大不如以前了。

由于微信社交软件十分便捷，互加微信成为商务交流十分常见的举动。因此，有的公司在营销人员的绩效考核指标中增加了“微信好友量”和“朋友圈的业务信息转发量”。

“您好，我是 × × ×，这是我的名片，请多多关照。”以前，商务会面时人们会主动递上自己的名片，名片上印着姓名、所在单位、电话号码、传真号码等。然而，在微信时代，商务联系方式的重要性排序已悄然发生变化，依次为微信、手机号码、其他。此外，商务人士普遍倾向于将工作微信号设为手机号码，这样更加便于联系业务。

当人们互加微信后，非常方便进一步深度沟通，具体体现在三个方面：一是可以通过微信，十分便捷地向对方推送自己的电子名片、公司简介、产品和服务介绍、客户案例等相关信息；二是可以通过自己的朋友圈，随时发布与公司有关的信息，方便客户随时了解公司的情况；三是可以随时通过朋友圈了解对方的兴趣爱好和动态，从而有针对性地向对方推荐产品和服务，提高销售成功率。

在行业展会上，展位的设计和布置也充分体现了公司介绍的应用。展位分为标准展位和特别展位。就大部分标准展位来说，门头上的展位编号、公司名称是一家公司在展会中的定位信息，这些也会出现在主办方印制的参展商名录中，以为参观者提供信息导航。即便是标准展位，参展商也会充分利用有限的展位空间，通过展板向参观者介绍公司的情况，给意向客户赠送公司介绍，并且积极进行现场洽谈。

实力强的行业龙头企业往往会在展会上布置特别展位。特别展位的位置比较优越，占据的面积比标准展位大很多，企业也会花更多的心思来设计展位。

一位专注展位设计 20 多年的设计师与我交流时说，大中型企业的展位设计经历了几个鲜明的阶段，目前这些企业更加注重品牌形象的传播，并且这种品牌形象传播不是虚的，而是通过模拟场景和特制的道具来辅助完成的。这位设计师列举了一个自己设计的饲料行业的特别展位案例。他将 200 平方米的展位整体设计成展厅的风格，入口处设计了卡通猪、卡通鸡、卡通鸭觅食的微型场景，往里走依次是洽谈区、产品体验区、品牌历史展览区，通过灯光、色彩、点线面相结合的视觉表现手法，打造出令人耳目一新的特别展位效果，使该公司成为整个展览区域的焦点。

二、公司介绍在网络销售中的应用

一位家用电梯的销售员，希望客户选购自己代理的电梯品牌。在互加微信后，客户首先浏览了他的朋友圈，希望看到与他代理的电梯相关的信息，如销量、性能、安装效果、售后服务、用户评价等。

但这位客户对我说：“我在他的朋友圈翻看了很久，本来期待或多或少看到一些与他代理的电梯相关的信息，可让我失望了。这位电梯销售员的朋友圈里转发了很多条其他信息，却找不到一条与电梯有关的，你说我怎么能信任他呢？”

后来，这位客户又加了另一个品牌的电梯销售员的微信，这次他感到十分满意。这位电梯销售员几乎每天都在朋友圈分享有关电梯的信息——客户参观生产车间、服务人员上门量尺寸、工人现场安装、电梯运维注意事项等。该客户由此判断这位电梯销售员是长期从事家用电梯销售、维修、保养的专业人士。最终，该客户选购了这位电梯销售员代理的品牌。

在双方签订正式合同后，这位电梯销售员又递给该客户一本公司宣传画册，里面除公司简介外，还有产品的型号、款式、技术参数、安装效果图等，各种信息十分完备。

这本公司宣传画册可以说是公司介绍，也可以说是产品介绍或服务手册，内容全面，并且都是客户所关心的。这位销售员给客户详细讲解了宣传画册，最后将宣传画册与销售合同订在一起，郑重地交给客户，让客户感受到除合同的法律保障外，还有一份公司的郑重承诺，也是品牌的服务承诺。客户看到销售员如此敬业、认真，更加坚定了自己的选择，对产品的后期安装也更加期待了。

这位客户的消费心理我很认同。很多人在购买产品或服务时，都是从销售员的朋友圈里获得了自己希望看到的信息，与销售员产生了情感共鸣，从而对其推销的产品或服务产生了信任。

受这位客户购物经历的启发，也有感于长期观察一些销售达人的朋友圈，我曾特意写了一篇文章，题目就叫《看看你的朋友圈》，旨在提醒职场人士为了自己的职业成长和美好生活，一定要用心经营朋友圈，在朋友圈分享个人生活，展示产品信息，通过朋友圈实现引流及销售。

正如某公司的年度销售冠军在内部分享会上介绍经验时所说："一个真正以销售为生的人，一定不会放过任何宣传品牌的机会。"他们的微信头像与品牌高度相关，要么是品牌的 Logo，要么是带有品牌背景的本人照片，微信的昵称也与品牌有关。这种既专业又敬业的销售员，一般不会错过真正有意向的客户，销售业绩也会很好。一个真正以销售为生的人，手机里会保存着自己的电子名片、公司简介、品牌简介、产品目录、荣誉目录、服务案例等，与工作相关的资料应有尽有。一个销售员是否热爱自己的工作，只要看他手机里的图片和信息，看他的朋友圈每天发布的内容即可，我们也可以据此判断他是不是一个称职的销售员。一个高度职业化的人，通常会在他的朋友圈里打下深深的烙印，他人很容易从中判断他所从事的职业。

我曾在芝华士销售员的朋友圈看到这样一句话："不发朋友圈的销售不是好销售。"我深有同感，相信许多从事销售工作的成功人士也认同他的理念。

对高度职业化的人来说，手机里的电子文档是他们开展业务的必备资料和得力助手。其中，有些资料是公司提供的，有些资料是他们根据客户的需要精心整理的。正因为他们能够随时回应客户的咨询，为客户提供零距离、零延时服务，给客户留下了既专业又敬业的良好印象，所以能够赢得客户的信赖，从而促成交易。

我想提醒读到此处的朋友，现在赶紧看看自己的朋友圈，看看自己所发布的内容有多少是与职业相关的。

三、公司介绍在线下销售中的应用

我曾到一个家居商城做调研，实地观摩了一位店长是如何运用整套的公司介绍，在 30 分钟内成功将产品卖给客户的。

这是一家位于某县最大的家居商城的火星人厨房设备（集成

灶、抽油烟机、洗碗机等）专卖店。这家专卖店布置得很专业，一进门的显眼处张贴着产品代言明星的海报，并且每款产品的上方都张贴着该产品的性能参数和优惠价格信息，营造出了一种活动促销的氛围。该专卖店的店长显然掌握了客户的消费心理，她重点向客户介绍集成灶的超强吸力对厨房洁净和主妇健康的好处，以及该品牌在行业的排名、产品的市场份额等。当客户提出该集成灶的价格与其他品牌的同类产品相比偏高时，她便立即播放介绍该产品内部结构及所用材料的视频，让客户明白“一分价钱一分货”。客户看得很认真。显然，该公司的发展历程、花园式的厂房环境、智能化的生产设备、遍布全球的销售网络、给力的售后保障，打消了客户的顾虑。在视频播放结束后，这位店长趁热打铁，向客户强调购买该产品的售后服务流程和性价比。最终，客户当场签订了购买合同。

我非常认同这位店长的推销方法，于是当场加了她的微信。在她的微信朋友圈，果然看到她高频次推送产品销售和品牌活动信息。其中，有一条是她参加火星人总部年会的信息，在上千人的合影里，她正好站在董事长的身后。她还给这张图片配了一段优美的文字，以表达自己参加年会的开心与收获。她的微信昵称叫“火星人集成灶”，我准备将她的案例写进本书时征求她的意见，问是否可以写她的真实姓名，她同意了并非常感谢我对她的认可，她的名字叫史若霏。后来，我又通过她的微信，得知她当选县政协委员。

这个案例说明，一个成熟的品牌在产品的卖场，各种载体的产品介绍、品牌介绍、公司介绍缺一不可。不同载体的介绍针对不同的对象，起着不同的作用，最终形成合力，促成销售。

这个案例还说明，随着市场经济的不断发展和社会商业化程度的不断提高，公司介绍已经变得十分精细。在公司的日常经营管理活动中，要根据不同的需要，为客户及相关方提供量身定制的公司介绍，以最大限度地积累品牌资产和实现销售目的。

四、公司介绍在公司官网的应用

自网站诞生以来，便有公司捷足先登，毫不犹豫地利用这一途径为公司的信息传播服务。如今，公司官网已经成为公司信息在线发布的主要渠道。那么，公司介绍的内容在公司官网如何应用呢？

举个例子，一位我时常关注的群友，在我组建的微信群里转发了某订阅号的一篇文章，标题叫《常宏出品丨中国工商银行·5G银行》，并附了一句话："欢迎大家到常宏参观交流。"这位群友在河北省建筑装饰业协会工作，推荐会员企业的订阅号非常正常。那时候，我正在阅读腾讯研究院出品的《智慧城市》，正好看到“智慧金融”那一部分，所以对“中国工商银行·5G 银行”这个关键词非常敏感，不禁点开一看。文中通过中国工商银行·5G 银行的一系列图片及文字介绍，把 5G 技术在银行业的应用直观地呈现在读者面前。文章结尾是公司简介、设计师团队、代表工程等。通过公司简介和代表工程，我了解到常宏的客户群体定位，进而产生了到其官网了解更多信息的想法。经过浏览，我发现常宏的官网做得的确很经典，可以说是“品牌商业连锁店铺空间服务商”的代表网站。

进入常宏的官网，可以看到在“关于我们”栏目，设有“公司简介”“组织架构”“我们的客户”“我们的文化”“我们的服务”“我们的资质”“我们的认证”“我们的专利技术”“我们的社会任职”“我们的社会责任”“我们的荣誉”，共计 11 类信息，每类信息都十分充实，把常宏的各个方面介绍得非常清晰。

“常宏动态”栏目以新闻的形式及时记录公司的经营管理动态，可以让读者看到常宏的市场活力和在业界的经营管理水平。

“方案与产品”栏目按照服务内容、工程分类、行业分类进行案例索引。以行业分类为例，可以看到常宏在信息传输、软件和信息技术服务、批发及零售、交通运输和仓储邮政、出口业务、公共服务、商业办公、生产制造、银行金融、大型商业、酒店等领域都有成功的工程案例。每个工程案例均提供了关于项目概况、建筑外观、内部细节亮点的文字和图片，每张图片的右下角都有常宏装饰的 Logo 水印，直观地体现了公司的服务能力与水平。我相信，大多数浏览过常宏官网的人，如果有店铺空间装修的需要，那么大概率会产生咨询的冲动。

此外，网站还提供公司微博、博客、微信订阅号、网上商城的导航链接，引导客户关注公司的其他方面和在线购买服务。① 常宏建筑装饰官网文章最后的阅读分享可选媒体项如图 2－1 所示。

总之，对中小企业，尤其是业务相对单一的专业化公司来说，官网整体上可被视为一个在线公司综合介绍，各个栏目可被视为一个个专项（分项）介绍，公司简介位于“关于我们”下面的第一条信息里，可被视为公司概况。

对规模较大的多元化集团公司来说，集团的网站总体架构与

① 案例来源：石家庄常宏建筑装饰工程有限公司网站。

图 2-1　常宏建筑装饰官网文章最后的阅读分享可选媒体项

中小企业大同小异，只不过分类更细、内容更丰富、制作更精良。

为了更好地传播公司的信息，集团公司的子公司均有各自独立的网站，各个子公司的网站也基本遵循中小专业化公司网站的架构来进行栏目设计。有些多元化集团公司的子公司网站多达十几个，这又被称为网站集群。比如，天津港集团网站集群有 11 个子公司网站，中国北京同仁堂集团网站集群有 10 个子公司网站。网站集群里的各个网站既相互独立，又互设导航链接，一些重要信息可互相转载，形成了巨大的网站传播优势，提高了公司品牌的影响力。

如果我们点开一家世界500强或中国500强企业的官网，就会发现它们具有共同的特点：官网就是公司介绍的超级大本营。比如，海尔集团官网承载了海量的海尔集团信息。海尔集团的发展史就是一部创业史，其发展迅猛，又非常重视网站信息的保存与传播，因此其官网很值得大家借鉴。进入海尔集团官网，会看到在“走进海尔”栏目下设有“集团介绍”“创始人介绍”“CEO介绍”“发展历程”“海尔荣誉”“科技创新”“海尔在全球”；“集团介绍”模块下又设有“集团简介”“集团战略”“企业文化”“模式创新”“海尔游学体验”。由于海尔集团的新闻资讯和管理资讯内容都相当丰富，“媒体中心”栏目下设有“新闻资讯”“媒体资料库”“媒体联系”。这个栏目是公共媒体与海尔集团沟通的主渠道，公共媒体经过授权，可以直接从该平台获取有关资料，也可以通过该渠道提交采访申请，这样有助于提高集团与公共媒体的沟通效率。

随着互联网技术的日益成熟，公司网站的信息容量越来越大，网页设计越来越人性化，关键信息的检索功能越来越完善，一键转发功能不但让官网信息对外传播更加方便，而且打通了与外网连接的通道，提高了官网的影响力。

在互联网信息平台层出不穷、服务越来越专业的情况下，公司官网的建设不仅不可被取代，反而显得更加必要。因为官网是公司信息传播的大本营，与公共网络平台高效连接是其发展的方向。此外，人们一般会通过搜索引擎去了解一家公司，如果公司官网做得好，那么自然会给访客留下良好的印象。事实上，很多公司把官网的推广作为网络推广的重要部分。因此，各家公司不仅要重视官网的建设，还要有意识地加紧建设营销型网站。

从那些公司介绍做得好的网站上，我们可以清晰地看到一家公司从小到大、从弱到强的发展轨迹。众所周知的华为、海尔等历史较长的公司的官网信息容量已经非常庞大——这是日积月累、自然增长的结果，更是它们用心经营品牌资产的结果。只要我们认真研究一些发展势头很好的公司，总能在其官网发现其成功的秘密。

自从有了自己的官网，公司在传统公共媒体上的广告投放费用大幅下降。因此，有些公司非常注重官网的建设。即使在全媒体时代背景下，官网依然十分重要，是公共媒体研究和报道某公司的第一信息来源。为了完善官网的内容，提高官网的使用效率，一些公司会定期进行改进，将公司的资料数字化，充实官网的内容，并想方设法提高站内搜索的便捷性，网页设计也越来越美观、友好，不仅有 PC 版，还有手机版，导航链接也越来越便捷，许多官网信息随时可与外界共享。万家乐官网栏目设置如图 2－2 所示。

产品中心	服务支持	万家乐商城	关于万家乐	加入万家乐	新闻中心	寻求合作
热水器	服务首页	京东旗舰店	万家乐简介	万家乐学院	万家乐新闻	招商加盟
厨房电器	服务政策	天猫热水旗舰店	万家乐大事记	校园招聘	媒体报道	工程合作
乐厨微装	服务收费	天猫厨电旗舰店	万家乐科技	社会招聘	万家乐视频	海外站
供暖产品	常见问题	苏宁热水旗舰店				
净水器	注意事项	苏宁厨电旗舰店				
生活电器	延保服务	网购声明				
集成吊顶	安检清洗服务					
贴心自选	下载中心					

图 2－2　万家乐官网栏目设置

官网是公司向社会公开信息的十分重要的官方渠道。在移动互联网时代，建好官网，不断完善官网的内容，相当于让公司的品牌资产不断增值。

官网不但是公司的实时新闻中心，而且是公司发展的资料中心，更是公司形象展示的超级舞台。

为了适应国际市场的需要，一些有国际业务的公司官网还有不同的语种。不同语种的官网可助力公司走出国门，走向国际。

五、公司介绍在人才招聘中的应用

我曾与一位行业头部企业的HR经理聊起公司介绍在人才招聘中的应用。他说，大家都知道小公司招聘难，却不知道大公司招聘更难。通常，大家以为大公司名气大，知名度高，人才会争先恐后，蜂拥而至。其实，这是一个天大的误会。大公司想招聘到满意的人才，和小公司的难度别无二致，甚至难度更高。因为大公司要想维持行业的龙头地位，势必需要招聘到既专业又敬业的行业精英，而这些行业精英必定是大多数头部企业的争夺对象。正如我们所看到的，互联网巨头核心岗位人员的跳槽率一直偏高，猎头公司异常活跃，这些互联网巨头针对特定岗位和特定人才开出的条件十分诱人，这反映了大公司之间对行业精英的争夺十分激烈。

在这种背景下，HR部门应当如何应对?

这位HR经理说，以每年的校园招聘为例，为了保持公司的人才竞争优势，吸引优秀毕业生加盟，为公司储备人才资源，在每年的校园招聘季，HR部门都会在公司介绍上绞尽脑汁，做足文章。比如，在校园招聘会上，HR部门会创造性地把公司的图文介绍融入展位的形象设计中，充分满足优秀毕业生对未来职业发展的心理期待。

他认为，求职者为了找到心仪的公司和职位，通常会特别认真地准备个人简历，甚至会请专业人士或专业机构进行一对一的包装。同样，用人单位也应当用心准备招聘信息和公司介绍，不能图省事，照搬老旧介绍敷衍了事，否则会起到明显的负作用。

那么，这位 HR 经理具体是如何做的呢？

他说，首先，他会根据某高校毕业生的个人情况（如针对不同的专业）编写具有针对性的公司简介；其次，制作针对某些重要岗位的招聘视频，并且将招聘视频投放到爱奇艺、哔哩哔哩等大学生喜欢的平台上；最后，在面试场所特意布置与本场面试相关的宣传展板，可以在公司的接待大厅（求职者必经之处的大屏幕上）持续滚动播放公司优秀青年员工讲述职业成长的系列宣传片，让求职者看到那些洋溢着激情，充满责任与担当的青春面庞时，也会期待加入这么优秀的团队，大家一起为梦想打拼。

他说，如果墨守成规，那些行业精英就可能被竞争对手抢走。招聘工作要尽可能做到细致、精准，如要提前保存好面试地点的导航位置，以便随时推送给应聘者，体现公司对人才的重视与揽才的诚意。若某个环节存在考虑不周之处，就有可能与期待已久的优秀人才失之交臂。我们要知道，真正的行业精英是很挑剔的，他们在寻找公司的时候十分谨慎，甚至会注重相关的每个细节。因为他们认为，只有公司提供周到的服务，才有助于他们充分发挥自己的才智和创造力。

的确，就连可口可乐中国公司官网“招贤纳才”栏目的信息都是以求职者为中心而撰写的，栏目回答了应聘者最关心的三个问题：公司的发展前景如何？你来公司将可能达成怎样的个人预期？为了实现你的梦想，公司将为你做什么？最后，栏目展示了各个岗位的招聘信息。

在世界 500 强公司 ABB 的官网上，有个栏目叫“加入 ABB”。这个栏目图文并茂，可以说是公司招聘画册的电子版，可以为有兴趣了解 ABB 的求职者提供便捷的通道。在这个栏目下，还设有“员工风采”“工作在 ABB”“职业机会”“职位搜索”“选择您自己的职业方向”等模块。以“工作在 ABB”模块为例，下面又设有“关于我们”“为何选择 ABB”“我们的工作方式”“我们的业务范围”。点击“我们的业务范围”，出现的是业务简介，包括事业部简介、产品、客户、重要事实等。以“职业机会”模块为例，下面又设有“有经验人士”“应届生及职场新人”“在校学生”，这些小模块下面有 ABB 关于人才发展的策略。也就是说，“加入 ABB”栏目围绕求职者关心的问题，对 ABB 进行了专项介绍。也可以说，这个栏目就是 ABB 的人才发展专项介绍，与网站其他栏目（“产品指南”“新闻中心”“业务联络”“ABB 集团”“联系我们”）共同构成 ABB 介绍的完整体系。可以说，良好的公司介绍为优秀人才的加盟疏通了渠道，提供了捷径。

总部位于四川成都的五仓农牧，于 2021 年 2 月 24 日在其微信公众号发布了春节开工后的第一则招聘启事，标题是《Happy 牛 Year，喜收牛 Offer》。该招聘启事是微信公众号招聘的范本：文章首图是品牌 Logo；第一部分标题是“一个有发展空间的平台”，内容是公司简介；第二部分标题是“五仓规模化养殖场拔地而起”，内容为 2 分 23 秒的养殖场建设视频；第三部分标题是“一大波热门岗位招聘进行中”，以表格形式罗列了生产技术类和生产辅助类若干招聘岗位的名称、薪资待遇、选聘人才标准；第四部分标题是“五仓福利清单，请查收”，内容是薪资报酬、福利待遇、入职融入、发展机会、晋升通道；最后是联系方式。

为了吸引人才加盟，五仓农牧也“蹭各种热点”。比如，在 2020 年“地摊经济”概念火爆的时候，公司热情开朗的招聘主管就在地铁口摆摊招聘，引来不少路人围观，一时成为行业热点新闻。企业文化主管告诉我，当时摆摊招聘，腾讯是首创者，五仓农牧是农牧行业领先的模仿者。在他看来，为了招聘到优秀的人才，五仓农牧招聘主管的热点蹭得值。激情与速度，就是五仓农牧的企业文化。

2021年，大公司的招聘更是使出了“新花招”，小视频招聘、直播招聘等花样不断，它们在视频背景中充分展示公司的厂区环境、生活环境、薪资待遇、长远发展等。

据说，还有一家公司在2021年新型冠状病毒肺炎疫情期间的招聘广告中要求求职者提供自我介绍Vlog（视频记录），有的求职者觉得这样做没有必要，但有的求职者很兴奋，觉得终于有正当的机会通过视频展示自己了。那么，如何展示自己呢？这就不像文字简介那样简单了，还需要求职者对已有的简历进行一番“修饰”，并对拍摄背景、光线、构图进行必要的研究。招聘公司则可以通过求职者的Vlog，更加精准地选择符合公司需要的人才。从另一个角度来说，一些招聘公司认为善于用Vlog介绍自己的人，以后也大概率善于介绍公司。一些只会默默干好本职工作的人，其价值远远低于既能干好本职工作又善于介绍公司的人。后者集多种能力于一身，公司拥有这样的员工越多，品牌越具有活力。

六、公司介绍在新员工入职培训时的应用

2020年8月25日，山东港口2020年“雏鹰计划”新入职员

工培训班日照港分校举行开班仪式，有151名新员工参加。本次培训课程围绕党性教育、司情司史、港口业务、规章制度、职场素养等内容展开，旨在引导新员工提高政治站位，尽快转换角色，更快、更好地融入山东港口这个大家庭。[①]

这种做法是很多公司新员工入职培训的缩影。那么，司情司史培训的目的和具体内容是什么?

通常来说，司情司史培训课程由公司相关领导亲自主讲。公司开展这一课程的重要意义在于增强新员工的自豪感和责任感，使之快速融入公司，尽快完成身份转化，成为认同公司的企业文化、竭诚为公司效力的一员。

那么，HR部门应当为公司相关领导准备什么样的PPT文件，包括哪些方面的内容呢？通常，这个PPT文件的内容包括三大部分：一是发展历史与坚实足迹；二是未来战略与长远规划；三是对新员工的美好祝愿和职业期待。

由此可见，司情司史培训是公司介绍一个重要的应用，更是新员工了解公司、融入公司的第一步。

---

① 案例来源：山东港口日照港2020年8月26日于公众号发布的文章，标题为《山东港口日照港2020年雏鹰计划新入职员工培训班开班》。

同样，对老员工也需要进行司情司史再培训。这既是不断凝聚员工力量的重要抓手，也是企业文化建设的重要内容。

七、公司介绍在公司大厅、前台的应用

无论公司规模大小，都有一个展示公司形象的位置。即使是只有一间办公室的小公司，也要设计一个能展示公司形象的空间。哪怕是一面小小的 Logo 墙，或者一个具有创意的小角落，都可以体现“公司虽小，但依然爱惜羽毛，努力做最好的自己”的品牌理念。那里可以集中展示公司的营业执照、资质证书、获奖证书等，还可以摆放宣传资料、产品手册，以便客户取阅。总之，小公司更应该根据办公空间的实际情况进行创意设计，突出公司小而专、小而精、小而美、小而强的形象气质。

对大中型公司来说，更不应忽视大厅、前台的形象展示功能。一般情况下，大中型公司会赋予大厅、前台特殊的公司介绍功能，并将这一功能融入空间环境各个部分的细节设计中，通过将抽象的公司理念具象化、将具象的环境与实物艺术化，来打造春风化雨、润物无声的品牌感染力。

由于自身实力雄厚，一般大公司会不惜花费重金聘请专业的空间设计机构，为自己量身打造具有特色的企业文化和品牌形

象。为了达到这个目的，设计者需要充分了解公司的主营业务、优势、管理风格等，并且将这些要素融入设计中，让客户在推开公司大门的一刹那就感受到进入特定场域的浓厚氛围，让客户眼前一亮，敬意油然而生，还能激发员工的工作热情。

我曾应邀到一家从事网络安全的行业头部公司交流企业文化。该公司的企业文化负责人告诉我，公司每隔三五年便会重新装修大厅，至今已经重新装修了多次。公司每次装修时都要苦思冥想一个多年不落伍的主题，并为此公开招标，从多个竞标方案中选择创意最符合期待的一个，与竞标者签订合作协议，由其负责实施。

一位有过很多成功作品的公司大厅内部装饰设计师曾和我聊起他关于大中型公司大厅的设计理念。如何确定高挑空大厅的主色调？他的主张是从公司 Logo 包含的颜色中提取最适合大面积使用的空间背景色及局部点缀的提亮色。这样确定下来的空间色彩可以很好地衬托公司的 Logo，从而成功营造大厅、前台的视觉焦点。

接下来，从视觉焦点出发，向外推演扩展，根据空间的大小和实际形状设计出大厅的各个功能区，如一进门是迎客区，靠里一些是等候区，距主通道较近的是品牌展示区……各个功能区各司其职，各有侧重，把公司介绍完美地融入大厅的设计中，处处体现其独具魅力的应用。

具体而言，从一进门的迎客区向里看，首先应看到公司使命，即展示公司是做什么的，以及为什么而存在。在等候区应该有公司的宣传视频、宣传画册、图书、报纸和杂志，多则一面书墙，少则一个书架，以满足来访者进一步了解公司的需要。有条件的公司还可以将这个区域打造成特色咖啡吧，让来访者坐在舒适的沙发上，品着咖啡，轻松地环顾四周，看看公司的宣传视频和宣传画册，若还有时间就再看看公司出版的图书，公司的品牌就这样给来访者“种草”了。如果来访者想起身走动一下，那么极可能被吸引到品牌展示区，那里有序地陈列着带有公司 Logo 的玩偶、笔记本、笔、杯子、购物袋、文化衫、明信片等，俨然是一个公司品牌文创店。

每逢重要节日，如元旦、春节、“五一”劳动节、国庆节等，公司大厅里还会举办主题展览和交流活动，让员工不时有一种被关怀的感觉。通过这样的活动与独具特色的布置，使大厅变成一个与员工进行情感沟通的场所，从而提高员工对公司的黏性。

八、公司介绍在路演中的应用

在公司上市、融资、寻求合作的活动中，需要进行多场路演。由于路演没有固定的场所，很多时候都是主动上门拜访，而且需要融资的项目往往还处于初创阶段，有些甚至只是创业者头脑中个人的创想，需要向投资者做好公司介绍和项目介绍。

如何向投资者介绍公司，怎样才能打动投资者，让投资者清晰地看到投资的预期收益，这是创业型公司在进行路演前编写公司介绍和项目介绍的关键。在具备大量的市场调研数据、严密的商业推理和具有激情的创业团队的前提下，才能打动资本市场，获得投资者的青睐，最终获得投资。因此，市场需求痛点、技术创新、团队组合、项目实施前景、投资收益、风险规避等是路演PPT的基本内容。其中，要重点强调市场需求痛点、团队已有技术、未来商业运营模式、各阶段的投资回报等投资者关心的内容，以打消投资者的顾虑，促使其做出决策。

在路演中，各家公司还可以根据以前路演的反馈效果，适当调整、优化PPT，以取得更好的效果。

九、公司介绍在展厅的应用

我经常参观一些公司的展厅，也参与过相关设计，发现无论一家公司的展厅面积多大，其展示方式是传统的还是利用了高科技手段，在这些表象背后仍然主要以公司介绍贯穿整个展厅的布置。

虽然各家公司的展厅设计侧重点不同，主题也根据自身实际情况有所侧重，但无论冠以什么名称，除前言部分外，首先看到的便是公司简介。当我们跟随讲解人员按照预先设定的动线进行有序参观后，便会了解整个展厅所展示的内容，无论是文字、图片、音频、视频还是实物，都是围绕公司介绍展开的。如果我们把公司的展厅比作一篇宏大的论文，公司简介就是这篇论文的内容摘要。因此，公司简介字数虽少，却是开启展览必不可少的篇章；公司简介占地虽小，却是全部展览的高度浓缩。

可以说，展览的各个部分都是以公司介绍为基本框架或基本大纲来撰写和设计的，所有的文字、配图和实物，所有的呈现方式和展示技巧，都是为了更好地完成公司介绍而进行的创新。

展厅在随着公司的发展不断地升级。以海尔集团为例，其对外开放的有四个场所，分别是海尔大学、海尔文化展、海尔世界家电博物馆、卡奥斯创新中心。

可能你会说海尔大学不是企业大学吗，为什么可以列入展览场所？如果你去过海尔崂山产业园，就不会有这样的疑问了。因为海尔大学也是海尔企业文化的一部分，校园里的建筑、环境、室内外装饰无一不与公司介绍息息相关。双创精神、人单合一、海尔历程等都在海尔大学里进行了创意展示。参观者即便只花20分钟参观海尔大学，导游也会将海尔大学的定位、历程及其在海尔集团发展中的作用等介绍清楚。通过海尔大学，海尔的品牌理念和创始人张瑞敏的核心管理思想已经在参观者的心中深深地扎了根。

海尔大学创建于1999年12月26日，占地面积12 000平方米，可同时容纳800人学习、互动、研讨，是海尔集团用来培养中高级人才的地方。海尔大学的建筑全部采用仿明清苏州古典园林风格，环境优美。海尔大学主体建筑分为A、B两座，由中心位置的“勺海”相簇而拥，一草一木、一亭一阁、一山一水，处处散发着浓郁的海尔文化气息。海尔大学是海尔人心目中的学习殿堂，是企业界向往的圣地。

海尔文化展是典型的企业文化主题展，是为传承海尔创业创新的“两创精神”，由海尔集团于2011年建成的，建筑面积5400多平方米，由原海尔模具车间厂房改造而成。海尔文化展由海尔人单合一研究中心和清华大学美术学院设计，总体设计理念是“有序的非平衡”，内部建筑都是不规则的“非平衡”设计，展览区域的地面高低不平，寓意海尔根据市场的变化而变化。

海尔集团通过常年的企业文化展览吸引了大量的人员前来参观学习，促使其企业文化、管理理念得到了有效传播。很多公司组织员工去海尔集团参观学习，就是主要去学习其经营管理和品牌打造方法的。凡是来这里参观的人，都会觉得不虚此行，感悟良多，颇受启发。

2018年，我带队前去参观海尔集团（见图2－3），看到前来参观的人络绎不绝，需要提前预约、现场购票才能入内。海尔系列展览俨然成为公司内部一个自负盈亏的项目。

海尔文化展注重历史、文化与品牌，而海尔世界家电博物馆更加聚焦海尔的最新技术与产品。

2019年3月31日，海尔世界家电博物馆在山东省青岛市开馆。作为首家沉浸式家电博物馆，它凭借独有的建筑特色、运营特色等，成为青岛市乃至山东省文旅产业新地标。同时，海尔世

图 2-3　笔者带队参观海尔集团

界家电博物馆立足博物馆基本功能，联合众多文化品牌，承担起文化传播与建设的职责。

即便如此，海尔集团觉得自己做得还不够。为了向社会展示自己的远见与创新能力，海尔集团又在总部核心区建立了卡奥斯创新中心。

除海尔外，国内大多数行业的龙头企业都创建了常年的企业文化展览场所，通过展厅传播品牌已成为这些企业的共同选择。如今，公司介绍在展厅的应用越来越成熟、深入，很多公司的展厅已升级多次。随着新技术（如 VR）的发展，有战略眼光的行业龙头企业已开始对传统展厅进行升级，努力打造数字化展厅。

除专门的公司展厅外，我发现很多公司把车间也打造成了展厅。我曾到蒙娜丽莎集团的陶瓷生产车间参观（见图2－4），发现里面一尘不染，全部是智能化生产，上千平方米的车间只看见两个技术工人在工作。车间四周的墙上张贴着各种各样的公司介绍，包括展板、获奖证书、标语等。蒙娜丽莎集团的企业文化总监带我们一边参观生产现场（设备、流程和环境），一边按照墙上的展览一一介绍，给我留下了深刻的印象。

图2－4　笔者到蒙娜丽莎集团的陶瓷生产车间参观

十、公司介绍在外网的应用

2021 年 12 月 7 日，我在百度搜索框中输入“联想集团”，首先看到的是“百度为您找到相关结果约 32 500 000 个”。

第一条是联想官网的“联想商城”。

第二条是百度百科的“联想集团”。

第三条是富途牛牛网的“联想集团港股实时行情”。

第四条是来自凤凰网、经济观察网、环球网、每日经济新闻网、中国证券网关于全国人大代表、联想集团 CEO 杨元庆在“两会”期间的采访报道。

第五条是来自爱企查网站的联想控股股份有限公司的工商注册信息。

第六条是来自百度贴吧的“联想集团吧”。

第七条是来自百度百聘的“联想集团最新招聘信息”。

第八条是来自同花顺财经网的“联想集团 2021 财年第三季度财报”。

在百度搜索框中搜索“联想集团”时，前几条搜索结果既没有重复的信息，也没有垃圾信息，可见联想集团对外网的信息传播进行了一定的管理。

以百度百科为例，其关于联想集团的介绍分为三大部分：第一部分是简介；第二部分是重点和关键点的提炼，包括公司名称（中文名和外文名）、成立时间、总部地点、经营范围、公司类型、公司口号、年营业额、员工数、CEO、主要运营中心、合作营业厅、世界500强排名、创始人；第三部分是目录及详细介绍，包括发展历史、产品系列、重大事件、管理团队、企业文化、组织架构、成就荣誉、企业排名、联想公益等方面的内容。

这个词条有些关键处还有备注（如年营业额备注了具体年份），显得严谨、可信。这也让人看到了网络时代信息的相互验证对公司的宣传所起的作用。

这个词条的补充部分（参考资料部分）列举了几十条来自各个网站的新闻作为佐证，类似一篇学术论文的参考资料，不仅给人严谨、科学的印象，还给浏览者进一步查阅提供了便捷的途径。

从查询结果可以看出，百度百科已成为人们了解联想集团的主要途径之一。

现在，读者朋友首先可以在百度搜索框中搜索自己所在公司的名称，然后搜索与本公司实力相近的竞争对手，最后搜索本行业排名前三的公司，并且从以下几项指标进行对比：

（1）搜索结果数量是多少？

（2）具体内容是什么？

（3）前十条信息分别来自哪些外网？

…………

据此，进一步思考以下问题：

（1）本公司在外网的能见度排名如何？

（2）本公司具有利用外网进行宣传的意识吗？

（3）行业头部企业有哪些经验值得本公司学习？

（4）本公司应当采取什么行动提升自身竞争力？

一般来说，当我们在百度搜索框中搜索一个公司的名称时，出现的前几条信息主要来自门户网站、公共媒体网站、行业网站、企业信用信息查询网站等。由此可见，外网是公司信息传播非常重要的渠道。充分利用这些外网资源，提升公司的网络能见度，有助于促进公司业务增长。“好酒也怕巷子深”，很多公司不惜花钱购买搜索网站的信息排名，只为在网上获得更多订单。如果公司不主动利用外网资源，公司信息在网上呈现得很少，甚至只有企查查的企业工商信息，而行业同等规模、同等实力的竞争对手在网上展示了大量的信息，可想而知，仅在知名度上就已经输给了竞争对手，更别提其他方面了。

那么，存在以上问题的公司应如何改进呢？首先，可以利用搜索引擎优化（SEO）技术，根据搜索引擎基本工作原理来优化公司官网，获得自然排名，争取免费流量；其次，可以做搜索引擎营销（SEM），在百度、360、搜狗等搜索引擎上投放广告，通过关键词搜索触发广告，导入官方商城，从而引导客户直接下单。

2021 年 3 月 3 日，北京市查询和公示企业信用信息的官方网站——北京市企业信用信息网经过改造后上线运行，并且移动客户端和微信小程序同步运行。即日起，在北京市市场监督管理局及 16 个区市场监督管理局登记注册的企业，因上市、融资、股票增发、评奖评优、招投标等申请出具违法违规记录的，可全程网上办理。

其实，像这样的信息公开查询平台，全国各地早已陆续上线，人们查询公司法人、公司经营状态等非常方便。在公司信用信息全透明的环境下，公司应合法经营，守住法律底线，否则将被市场拒之门外，最终无法生存。

正因为外网具备查询公司信息的功能，在竞争越来越透明化的商业背景下，公司很有必要将官网认真优化一下，尤其是“公司简介”一栏要及时更新，因为一些搜索引擎、行业网站会自动抓取官网的公司简介。如果客户通过搜索引擎进入官网，看到的是一星半点或陈旧的内容，则很难对公司产生好印象，更不用说购买产品了。

我曾在一个行业展会上注意到杭州一家锁业公司，其展台布置得还可以，产品手册上所列产品也很全面，但是按照上面提供的官网网址一查，发现好几个栏目都是空的，只有“新闻动态”栏目下写着“祝贺××网站开通”一行字，这显然是网站开发人员留下的测试痕迹。由此可见，这家公司官网更新不及时。

我又试着搜索了几家比较熟悉的中小企业，发现百度百科上有它们的词条，但内容非常简单，只有工商注册信息，相当于其营业执照上经营范围的复制。我对这几家公司比较了解，知道它们的业务开展得很不错，很疑惑为什么搜索出来的词条只有工商注册信息呢？原来，这些公司没有自己编辑词条。如果它们的同行编辑了公司词条，就会令那些没有进行这项工作的公司相形见绌。因此，为了适应互联网、大数据时代信息传播场景的骤变，各家公司需要在官网以外的其他网站上进行宣传。一些公司在搜索引擎做付费推广，或者主动编辑本公司的百度百科词条，这对提升品牌的知名度有一定的帮助。

那么，如何编辑公司的百度百科词条呢？首先，应了解企业类词条的编辑规则。对中小企业来说，利用百度搜索的强大功能进行公司宣传，不失为一种很好的方法。

除搜索引擎和公共媒体网站外，各家公司还可以利用行业网站进行宣传。行业网站聚集了行业专业人士和精准的消费群体，如果一家公司在上面的活跃度较高，这无疑对品牌的曝光颇有好处。如果是大型企业，那么品牌部门有必要认真制订外网推广计划，并定期做好效果测评，以便进一步优化推广计划。

十一、公司介绍在企业报刊中的应用

很多企业家向我咨询企业报刊的发展趋势，他们对是继续发行报刊还是停刊拿不定主意。因为他们已经看到移动互联网时代，手机作为信息终端给企业报刊带来的冲击。在这种情况下，很多企业开通了微信公众号、视频号，还注册了快手、抖音、微博账号，这是与时俱进的表现。但是，企业报刊这种纸质媒体也有着非常重要、不可替代的作用。若因新媒体的出现就否定企业报刊的作用，并草率地宣告停刊，则在未来的某个时刻，公司会认识到这是一个不可估量的损失。因为企业报刊具有周期性和连续性，多年来已形成固定的风格，获得了一批成熟、稳定的通迅员和发行渠道，已成为一个展现公司品牌的重要平台。

面对新媒体的冲击，企业报刊应创新思路，做精做细，在内容品质与装帧设计上不断升级，与公众号、微博、抖音等新媒体形成联动效应，力争成为公司介绍体系中的奢侈品。因此，编辑部应自我更新职责和提升工作技能，主动迎接新媒体的挑战，从单一媒体向融媒体转化。

如今，很多企业报刊正沿着这个方向不断创新前行。例如，河南梦祥纯银制品有限公司主办的《银饰界》就紧紧围绕公司发展战略，在积极创办新媒体的基础上，结合公司产品特色，在杂志的专题策划、内容采编、图片拍摄、版面设计、印刷发行等方面不断精进，并逐渐成为业内公司品牌传播的典范。

在该刊创办百期之际，公司策划了一场主编交流活动，并且邀请了全国各地10位企业报刊的知名主编。作为本次活动的联合策划人与组织者，我与董事长李杰石在活动现场的合影还被刊登在该期杂志的封面上（见图2－5），这对我的企业咨询工作很有纪念意义。

图2－5　《银饰界》百期封面

第三章

写好公司简介有诀窍

简明，简洁，简要

结构合理，逻辑清晰，文字简明，标点无误，用好数据

严守法律，严格终审，随时更新，多种版本，多种语言

公司简介是各公司举办大多商务活动的必备资料，常规公司简介少则几百字，多则几千字。一份恰当、优秀的公司简介，应该能清晰地说明公司的情况，充分展示公司的实力，从而增进各方对公司的了解，促进公司顺利开展对外交流和各种市场活动。那么，怎样才能写好公司简介呢？

一、内容要点不可少

1. 基本概况

基本概况是公司简介最基本的内容，包括公司名称、成立时间、公司注册地、总部所在地、重要事件等。基本概况通常放在公司简介的开头，相当于公司简介的总体概述。

在编写公司基本概况时，有两点需要特别注意。

第一，在公司名称第一次出现时应当使用全称，否则容易与名称相似的公司混淆。第二，公司成立的年份要写具体，避免写公司成立了多少年，因为前者是一个不变的数字，后者是一个不断变化的数字。如果写公司成立了多少年，数字若得不到及时更新，则很容易造成信息过期，这是很多公司常犯的错误，一定要引起重视。

示例

建业住宅集团（中国）有限公司（以下简称“建业住宅”）成立于1992年，由建业地产股份有限公司董事局主席胡葆森先生创建。建业住宅于2008年6月6日在香港联合交易所有限公司主板上市（股票代码：00832. HK），具有中国房地产开发一级资质。

2. 主营业务

主营业务是公司简介的核心部分，集中介绍公司的所属行业、经营范围、产品和服务、合作伙伴、成功案例。由于公司的行业性质、组织形式、规模大小各不相同，在主营业务的介绍上，应各有侧重。比如，生产制造型公司应重点介绍先进的生产设备和高品质的产品；服务型公司应重点介绍先进的服务理念、独特的服务内容和成功的服务案例；商业贸易型公司应重点介绍优质的产品、便捷的渠道和良好的售后保障。对跨行业、多元化大型公司来说，需要根据实际业务的占比进行综合介绍；对全产

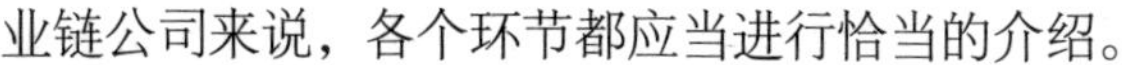

业链公司来说，各个环节都应当进行恰当的介绍。

示例

从 1989 年建成中国首座主题公园“锦绣中华”至今，华侨城集团不断创新旅游产品，从静态微缩、互动体验、生态度假、都市娱乐，到后来的特色小镇和美丽乡村建设，华侨城集团实现了产品从单一到混合形式的演变，强化了自身集群优势。华侨城集团在全国运营和管理数十个景区，接待游客很多，是全球主题公园集团四强，位居亚洲第一。

3. 公司优势

公司优势既是公司简介的突出亮点，也是公司在市场竞争中与同行相比的独特之处。在编辑这部分内容时，要重点突出公司在行业内的地位和自身的独特优势。如果公司简介的字数没有限制，那么公司优势可以多写一些，我们可以将其作为主营业务的补充介绍；如果公司简介的字数有限制，那么这部分内容可以与主营业务部分合并介绍。

示例

富士康科技集团是专业从事计算机、电视机、数码相机等产品研发和制造，广泛涉足数位内容、汽车零部件、通路、云计算，以及新能源、新材料开发和应用的高新科技企业。凭借前瞻决策、扎根科技和专业制造，自1974年在中国台湾肇基，1988年投资中国大陆以来，富士康科技集团迅速发展壮大，拥有百余万名员工，并且拥有全球顶尖客户群，成为全球最大的电子产业科技制造服务商。富士康科技集团自2002年起位居中国大陆企业出口200强榜首（2018年进出口总额占大陆进出口总额的4.1%），2005年起跻身《财富》世界500强（2019年跃居第23位）。

4. 荣誉奖项

公司在发展过程中取得了哪些突出的成绩？获得了哪些荣誉和奖励？这类信息要按时间顺序或类别进行梳理、总结。如果公司获得的荣誉和奖励特别多，则可以根据公司简介的具体用途选择性地进行编写。

示例

东辰控股集团有限公司在发展过程中获得“国家AAA级信用企业”“国家守合同重信用企业”“中国制造业企业500强”“中国电气工业100强”“中国石油和化工百强企业”“山东企业100强”“山东省重点工业企业”等300多项荣誉，是全国少数民族特需商品定点生产企业。

5. 企业文化

从根本上说，企业获得成功的秘诀是什么？我认为是企业文化。在公司简介中，企业文化是必不可少的。企业文化是包括公司使命、愿景、核心价值观在内的企业文化理念体系、行为规范和形象体系。但是，由于公司简介的字数有限，一般只要把公司使命、愿景、核心价值观表述完整即可。这些内容既可以独立表述，也可以融入其他部分一并表述。

示例

安能物流秉持“传递信任，成就梦想”的使命，以“准时、安全、服务、经济”为理念，专注为客户提供高性价比、体验良好的物流服务。

6. 未来展望

公司未来的发展将会如何？有何长远的战略构想？公司简介常以未来展望进行结尾，给人以丰富的想象空间。未来展望部分通常是对公司简介的高度总结与升华，简明扼要，坚定有力。各家公司应重视此部分内容的编写，为公司简介画上圆满的句号。

示例

富士康科技集团将一如既往地肩负科技使命，传承爱心文化，大力发展“十一屏三网二云”及“云、移、物、大、智、网＋机器人”生态产业链，构建工业互联网平台，积极投入“电动车、数位健康、机器人”三大产业及“人工智能、半导体、新世代通信”三项新技术领域，将“3＋3”结合作为集团长期发展策略，为全球标杆客户提供完整的解决方案，力争成为全方位智能生活提供者，凭此达成F 1.0→F 2.0→F 3.0转型升级的目标，缔造“长期、稳定、发展、科技、国际”的长青伟业！

二、把握十大关键点

要想写好公司简介，执笔者除应该充分了解公司的发展历程、经营业务、技术研发、产品详情、市场分布、战略规划、所获荣誉、企业文化、未来发展等诸多方面的基本信息和最新动态外，在着手编写文稿时，还要做到结构合理、逻辑清晰、文字简明、标点无误、用好数据、严守法律等。以下是写好公司简介应当把握的十大关键点。

1. 结构合理

一份优质的公司简介，在内容充分的前提下，结构合理是十

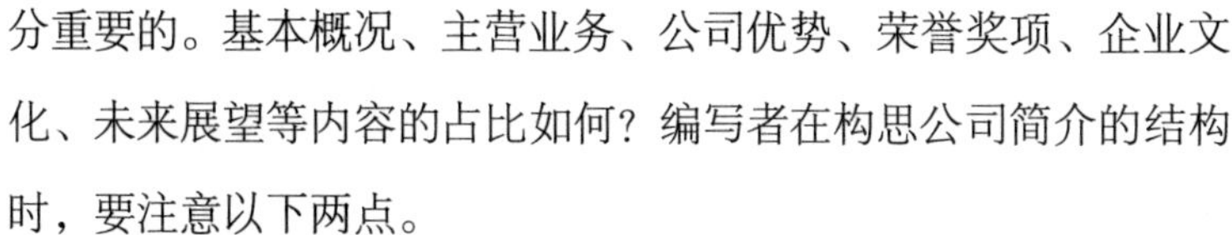

分重要的。基本概况、主营业务、公司优势、荣誉奖项、企业文化、未来展望等内容的占比如何？编写者在构思公司简介的结构时，要注意以下两点。

一是根据公司的实际情况编写，多则多写，少则少写，客观真实。

二是在客观真实的基础上，使各部分之间的字数尽量均衡，为此需要进行必要的调整，调整时注意虚实结合。

2. 逻辑清晰

评判公司简介的逻辑是否清晰，主要看以下三个方面。

一是篇章结构逻辑是否合理。虽然这一点已经在“结构合理”部分强调了，但是因为结构也是逻辑的一部分，所以仍然要在此部分再次强调。结构合理要求公司简介整体完整，不缺失大项。以一篇上千字的公司简介为例，总体结构可以为总、分、总，再根据具体内容分为若干段落。

二是语法逻辑是否正确。主谓宾定状补，每个句子的语法要素要尽量齐全，可以省略的省略，不可以省略的一定不省略。

三是语义逻辑是否合理。比如，公司发展历程概述的时间、重大事件梳理是否清晰，一些因果推论、多项并列或包含关系陈述是否层次清晰，重点和次重点信息陈述是否有序得当等。若语义逻辑不合理，则很容易给读者留下杂乱无章、难以理解的印象。

示例

围绕能源“供给—存储—输变—配售—消费”体系，正泰集团以新能源配售、大数据、能源增值服务为核心业务，以光伏设备、储能、输配电、低压电器、智能终端、软件开发、控制自动化为支柱业务，努力打造平台型企业，构筑区域智慧能源综合运营管理生态圈，为公共机构、工商业及终端用户提供一揽子能源解决方案。

3. 文字简明

公司简介的文字应该简明扼要，语句要尽量简短，避免使用复杂的句式。不同类别的信息表达应该单独成句，否则容易导致语法和逻辑混乱，甚至不知所云，给读者阅读造成困难。

示例

宇通客车是中国客车行业上市公司（股票代码：SH.600066），

集客车研发、制造、销售为一体，其产品主要服务于公交、客运、旅游、团体、校车及专用出行等细分市场。截至2020年年底，宇通客车累计出口客车超70 000辆，累计销售新能源客车约140 000辆，并且其生产的大中型客车连续多年畅销全球。

4. 标点无误

一份科学、完整、严谨的公司简介，应文字适当、标点符号准确无误。标点符号的准确使用，可以起到促使文意表达更加精准的作用。

经过对几百份公司简介的审阅、修改，我发现在公司介绍中，标点符号的错误五花八门、不胜枚举。其中，有些错误具有共性，有些错误找不到出错的原因，多由编写者标点符号的使用水平有限所致，这些问题真不是一本通用的《标点符号用法》就能够解决的。由于公司介绍这种文体自身的特殊性，只有借助真实的错误示例才能真正讲明白，而我见过的错误示例实在太多了。

由于这部分内容较多，这里不再展开介绍，会单独在第八章进行介绍。

5. 用好数据

数据是极具说服力的。在公司简介中，要尽可能用好数据，让数据说话。通过数据说明公司的实力，可以给客户精确、严谨、可信之感。比如，很多公司会在官网的首页或显要位置，展示公司的一组关键数据，并配上精美的图片，看上去很有特色。

在公司简介中使用数据时，要尽量使用阿拉伯数字。因为阿拉伯数字通常给人醒目、可信的感觉。如果使用汉字表达，则容易被读者忽略，也显得不够专业。

示例

东方雨虹成立于1995年，20多年来，其为数以万计的重大基础设施建设，以及工业建筑和民用、商用建筑提供高品质的系统解决方案，已成为优质的建筑建材系统服务商。2008年东方雨虹上市，2020年其营业收入突破217亿元，2008—2020年其业绩增长迅猛。此外，东方雨虹通过了欧盟CE认证、德国EC1认证、美国FM认证、美国能源之星认证等多项认证，并获得第十七届“全国质量奖”、2017年全国“质量标杆”等荣誉，上榜《财富》中国上市公司500强。

由于公司简介中数字使用经常出现错误，为了更好地说明如何在公司简介中正确使用数字，特做如下梳理。

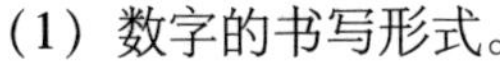

（1）数字的书写形式。

《出版物上数字用法》[①] 中明确规定了出版物上汉字数字和阿拉伯数字的用法，公司介绍的编写者很有必要认真地学习此标准。

一般来说，经常使用的数字有三种形式：第一种是汉字数字的简体形式（如一、二、三），第二种是阿拉伯数字（如 1、2、3），第三种是汉字数字的繁体形式（如壹、贰、叁）。

（2）优先使用阿拉伯数字。

在公司介绍中，凡是表示具体数额的，要尽量使用阿拉伯数字。原因如下：在大篇的公司介绍中，使用阿拉伯数字比使用汉字数字的效果更明显、更突出。如果使用汉字数字（这里指简体形式），则容易被淹没在文字中，不易辨识，违背了通过数字展示公司实力的本意。在许多公司简介中，数字的使用不规范，时而使用阿拉伯数字，时而使用汉字数字，公司简介应当遵守“统一性”原则，尽可能全篇都使用阿拉伯数字。由于繁体形式的汉字数字笔画多，不易涂改，适用于财务和法律文件，表示财务金

① 国家标准《出版物上数字用法》于 2011 年 11 月 1 日正式实施，该标准由中国标准出版社发行。

额，与对应的阿拉伯数字金额互相印证。在公司介绍中，一般不使用汉字数字的繁体形式。

（3）同类数字的单位尽量统一。

在同一篇公司介绍中，同类数字的单位应尽量统一。比如，同样是表示公司人数的数字，数字后面的单位应尽量统一；同样是表示公司产值的数字，数字后面的单位也应尽量统一。

示例

某公司员工总人数为69 000人，其中，某分公司员工人数为9千人。

在上述示例中，句中的“9千人”应改为“9 000人”。修改的依据是：在同一篇公司介绍中，同类数字的单位应尽量统一，不能同时使用阿拉伯数字与汉字数字。这样做的好处是可以体现公司介绍中数据的严谨性和专业性。

示例

某公司自2005年起跻身《财富》世界500强（2019年跃居第二十三位）。

在上述示例中，“第二十三位”应改为“第23位”。

示例

某公司成立于 2002 年，经过二十年的努力，已经发展成为……

在上述示例中，“二十年”应改为“20 年”。

（4）如果一些数据的数值较大，则数据中的“万”“亿”可以用汉字表示，其余部分采用阿拉伯数字。

示例

某公司 2019 年总产值超 8000 000 元。

在上述示例中，“8000 000”应改为“800 万”。

（5）公司介绍中的年份应写完整，不应简写，否则可能存在歧义。

示例

某公司成立于 88 年。

在上述示例中，“88 年”应改为“1988 年”。

（6）表示时间最好采用阿拉伯数字，而不采用汉字数字。

示例

某公司成立于二〇一二年。

在上述示例中，“二〇一二年”应改为“2012年”。

（7）表示时间时，各种数字形式不能混用。

示例

某公司成立于二0一二年。

在上述示例中，“二0一二年”应改为“2012年”。

这类错误常出现在诸如公司介绍前言的文末落款中。我在很多公司中看到其奖牌和证书上的时间，常存在“二0一二年”这种错误。探究出错的原因，主要是制作单位对阿拉伯数字、汉字数字的用法一知半解造成的。因此，以数字“0”为例，真正理解“0”“〇”“零”这三种数字形式的用法，触类旁通，才是解决问题的根本。

（8）竖排文字中的阿拉伯数字应当按顺时针方向转90度。这种情况在公司宣传海报中时常出现。

6. 严守法律

公司介绍的编写存在哪些法律风险？

虽然公司介绍严格来说不属于广告，但是由于互联网的巨大影响力，公司自媒体的能见度很高，国家市场监督管理部门已将公司自媒体纳入监管的范围。

事实上，很多公司曾收到市场监督管理部门的通知，被告知根据举报，经审核该公司违反了《中华人民共和国广告法》中的某条规定，应当接受何种处罚。

被举报的公司自媒体包括公司官网、公众号、网上商城等。

公司介绍较容易违反《中华人民共和国广告法》第九条第二款（广告不得有下列情形：使用或者变相使用国家机关、国家机关工作人员的名义或者形象）和第三款（广告不得有下列情形：使用“国家级”“最高级”“最佳”等用语）规定。

通过国家市场监督管理总局广告监督管理司在总局网站公布的全国各地的典型违法案件，不难发现，其数量非常多，处罚力度非常大，各家公司应当予以重视。

还有一种情况，虽然还没有被相关部门警告、处罚，但是公司自媒体上的部分内容被平台告知存在涉嫌不当使用国家机关、国家机关工作人员的名义或者形象的情况，被系统屏蔽、加密，无法查看，给公司带来不应有的损失，这种情况也应当避免。

为此，一些公司及时出台了规范公司广告宣传的制度。明确要求各级公司的广告宣传（包括公司介绍、对外宣传资料、网站、微信订阅号等宣传内容，以及产品包装物的标注、产品说明书等）中均不能出现绝对化用语，如“最”“首”“第一”“顶级”“完善”等词语，同时应避免在各类广告及产品包装物上出现“中国驰名商标”“中国名牌”“免检”等内容。否则，这些内容将被视为违规。

因此，作为公司介绍的编写者，应提高自身法律意识，认真学习法律知识，严格审核公司介绍中的语言文字，防范法律风险。

7. 严格终审

在公司简介定稿前，应请公司相关专业人员对关键信息进行审核、把关，杜绝原则性、专业性方面的错误。公司简介正式发布或印刷前还要请相关领导审核并签字确认。

8. 随时更新

由于公司处于不断发展之中，尤其是一些正处于高速发展期的公司，公司简介很可能随时发生较大的变化。公司简介中的一些重要数据需要及时更新，甚至公司简介中对公司业务和市场定位的一些定性描述都可能发生重大变化。

比如，我于2021年5月11日进入海尔集团官网，看到在几百字的集团简介中，特意用括号注明了“数据截至2021年2月”。

案例

海尔集团创立于1984年，是全球领先的美好生活解决方案服务商。海尔集团始终以用户体验为中心，连续2年作为全球唯一物联网生态品牌入选BrandZ最具价值全球品牌100强，连续12年稳居欧睿国际世界家电第一品牌，其子公司海尔智家位列《财富》世界500强。海尔集团拥有3家上市公司，拥有Haier、Casarte、Leader、GE Appliances、Fisher & Paykel、AQUA、Candy等全球高端品牌和全球首个场景品牌“三翼鸟”，构建了世界级工业互联网平台卡奥斯COSMOPlat，孵化了5家独角兽企业和37家瞪羚企业，在全球建立了10+N开放式创新体系、28个工业园、122个制造中心和24万个销售网络，深入全球160个国家和地区，服务全球10亿多户家庭（数据截至2021年2月）。

海尔集团致力于携手全球一流生态合作方持续建设高端品牌、场景品牌与生态品牌，构建衣食住行、康养医教等物联网生态圈，为全球用户定制个性化的智慧生活。

再如，我分两个时段进入宇通客车官网，看到前后两个版本的公司简介，对比两个版本的语言文字，确实可以很好地说明公司简介定期更新的重要性，还可以从两个版本的细微差别中看到编写者的思路和用心。

案例

2019 年版本：

宇通客车是中国客车行业上市企业，产品主要服务于城市公交、城间客运、旅游、团体及专用出行等细分市场，适用于全国和世界的各类应用场景。2018 年，宇通销售客车 60 868 辆，大中型客车国内市场占有率为 34%，全球市场占有率为 15%。截至 2018 年年底，宇通累计出口客车 64 287 辆，大中型客车销量连续 8 年领跑全球。

2021 年版本：

宇通客车是中国客车行业上市公司，集客车产品研发、制造与销售于一体，产品主要服务于公交、客运、旅游、团体及专用出行等细分市场。截至 2020 年年底，宇通累计出口客车超 70 000辆，累计销售新能源客车 140 000 辆，大中型客车连续多年畅销全球。

公司简介的更新时机与更新频次，应依据各家公司的实际情况而定。一般而言，中小公司每年更新一次；规模较大的和高成长公司可以根据实际情况随时进行更新。当公司简介更新后，要同步在公司官网发布，避免出现不同媒体发布的内容不一致的现象。

在编写印刷版公司简介时，应注明印刷时间，体现出版本的时效性。当公司简介后续需要加印时，应核实是否需要进行更新，确保内容符合实际情况。

9. 多种版本

为了适应不同的需要，公司简介应该有多个版本。一位农牧饲料行业从事企划工作 20 年的朋友告诉我，他的电脑里保存着公司简介的 200 字版本、500 字版本、800 字版本、1000 字版本、1200 字版本、1500 字版本、1800 字版本、2000 字版本。他的经验是，公司简介字数越少越难写。他说，尽管有这么多版本，每当需要对外提供公司简介时，他还是会询问相关人员公司简介提供的对象和用途，看看是否需要进行修改。他还说，在公司成立 20 周年时，庆典委员会设计了一个小视频，请他从公司介绍编写者的角度谈谈公司的发展变化。的确，从公司初创到快速发展，再到成为行业龙头之一，公司的点滴进步和变化他都进行了记录，如果把历年各种版本的公司简介汇编在一起，则可以编写成一部厚重的资料。如果你认真地从头翻到尾，一定会感慨万千，纵使眼前遇到再大的困难，只要翻翻这部特别的资料，便会燃起信心，重拾激情，迎难而上。

10. 多种语言

随着我国公司整体实力的不断提高和“一带一路”倡议的深入推进，越来越多的公司实施“走出去”战略，迈上国际化发展之路。

因此，公司简介也需要具有多种语言，一些涉外业务较多的公司网站也有英文版，甚至在非英语国家还有使用当地语言的公司介绍。

目前，中国的500强企业，如华为、联想集团、海尔、东方雨虹、正泰等，均有多种语言的公司简介。

三、浓缩版公司简介

某公司综合部王部长接到领导指示，要向有关部门报送文件，其中一份是公司简介，规定不能超过600字。

因为要填写的是电子表格，如果超出规定的字数，电子表格就会被拉长，导致破坏原有的版面。另外，这份报送文件最终要在指定的系统在线提交，如果超出规定的字数，根本不能提交成功。

而现有的公司简介有2000多字，因此缩写公司简介成了王部长完成申报任务的当务之急。

王部长打开现有的公司简介，开始在此基础上缩写。可是，他把文字过了一遍又一遍，觉得哪部分内容都很重要，不能轻易改动。

时间一分一秒流逝，马上就到提交资料的日子了，离600字的目标距离还很远，他再三斟酌，可还是举棋不定，删掉又恢复，恢复又删掉，难以取舍。

那么，如何快速缩写公司简介呢？有没有一些基本思路可以遵循？有没有好的方法可以借鉴呢？

1. 仔细审阅要求

在缩写公司简介之前，首先应仔细审阅公司简介报送单位的要求，明确对方的关注要点。比如，如果环保部门要求报送公司简介，就要重点突出公司在环保方面所做的工作及取得的成绩和荣誉；如果是申报某个奖项，就要重点突出公司在该方面所做的工作及取得的成就。

2. 基本信息不能缺

公司的基本信息，如公司名称、成立时间、主营业务等是公司简介的必备内容，不能缺少。

3. 高度浓缩

如果现有公司简介的字数与要求的字数相差不大，则可以将原文中的各段内容进行高度概括，力争在不改变现有公司简介段落结构的前提下，通过浓缩文字达到字数要求。

4. 适当删减

如果现有公司简介的字数与要求的字数相差很大，通过浓缩各段内容还远远达不到规定字数，则可以果断删掉相对“务虚”的段落，相对“务虚”的段落通常位于公司简介的末尾，如企业文化、未来展望、一般结束语等。

5. 严格审核

在提交新的公司简介之前，务必认真检查全文，确保基本信息完整、文字和标点符号无误、重点信息突出。

四、如何用简短的语言介绍公司

一般来说，公司简介越短越难写。试想，一家有几十年历史的公司，如果要求为其写 500 字的介绍，那么应如何选择要点？如果要求为其写 300 字的介绍，那么应如何选择要点？如果要求用三五句话进行介绍，那么应如何选择要点？更甚者，如何用一句话介绍公司？事实上，越短的公司介绍，越应突出重点、突出特色，还应具备较强的辨识性和可传播性。自然，这句公司介绍就可以说是品牌广告语。

在信息量越来越大、传播越来越碎片化的时代，人们对某条信息的注意时间越来越短。那么，如何用简短的语言介绍公司？这是公司介绍体系中不可或缺的一项表达。

这项表达之所以必要，是因为它关系着创办人对公司的自我反思：我们是谁？我们是做什么的？我们为什么而存在？我们是如何做的？

很多公司简介的编写者有着同样的感受，公司简介的第一句——某公司创办于××××年——这是不争的事实，很好写。但接下来，要给公司下个定义，用一句话来描述公司是干什么的，则让人伤透脑筋，难以下笔。若为那些横跨多个行业、多元化经营、产业板块多、产业链比较长的公司编写简介更为不易，因为要想写好公司的性质综述，需要考虑多方面的因素。

比如，常宏建筑装饰的自我定位是“商业店铺建设与管理集成运营商”，公司优势是“集成增效，智能溯源”，简明清晰。这个定位和优势很好地展示了常宏建筑装饰的价值。

但是，像新希望集团这样的横跨多个行业的多元化公司，则很难用一句话来描述其定位。新希望集团立足农牧行业，不断开拓新领域，已成为以现代农业与食品产业为主导，布局银行、金融科技、基金及资产管理公司等多种金融业态，持续关注、投资、运营具有创新能力和成长性新兴行业的综合性民营企业集团。

你若问，像新希望集团这样的公司属于哪个行业，如何给其定性，这确实是一个难以回答的问题。因为这个超大规模的集团，业务横跨农牧食品、乳品快消、智慧城乡、地产文旅、化工资源、生态环保、医疗健康、金融投资等产业板块，每个板块的情况均不相同，这就让编写者在编写公司简介时需要再三斟酌。

通过对多家公司简介版本变化的研究，我发现各家公司不同发展时期的公司简介对公司性质或定位的描述是不同的，存在明显的阶段性变化。我认为变化的原因包括两点：一是公司战略发生了变化，公司简介中的表述也有了相应的变化；二是公司战略虽然没有发生太大的变化，但是公司的综合发展水平已得到明显提升，原来的表述显然与现在的情况不再匹配。

因此，我们看到横跨多个行业的公司往往有多个相对独立的公司介绍。因为每个产业板块都有独立的公司，所以不管多大规模的公司，公司介绍都应回归到那些基本要素上。

还以新希望集团为例，其旗下的众多产业板块分别由新希望乳业股份有限公司、新希望六和股份有限公司、四川新希望房地产开发有限公司、新希望化工投资有限公司等公司负责。

到底如何才能用一句话介绍公司，并且达到广告的效果呢？一家公司的企划部组织各部门主管进行头脑风暴，还从外面聘请了专业的广告创意咨询公司给予专业辅导。几轮下来，大家一致认为，要想把公司的广告语提炼出来，应重点从以下几个方面梳理思路。

（1）明确广告传达的关键信息。

（2）在关键信息的基础上提炼关键词。

（3）将品牌名称与关键词巧妙地关联起来，形成个性化表达。

通过以上三个步骤，一般可以有效地提炼出公司的一句话介绍。

公司的一句话介绍是公司介绍的核心与灵魂。对内，它可以作为员工行为的引领与驱动；对外，它是品牌的宣言与承诺。

如果公司的一句话介绍提炼得当，那么受众定能感受到它的感染力。

当它与公司的 Logo 同时出现时，在一定程度上能够彰显Logo的意义，增益 Logo 的价值。

公司的一句话介绍可以单独作为标题，放在官网的首页、宣传画册的封面、公司的前台等显要位置，承担起传播公司品牌的重任。

既然公司的一句话介绍具有这么重要的地位和作用，那么这句话的内容是什么呢？通过对众多公司介绍的研究，我发现，它就是公司的使命。

以中国互联网三巨头 BAT（B 指百度，A 指阿里巴巴，T 指腾讯）为例，在 2021 年当我们打开它们的官网时，无一例外发

现其官网的首页都有一行显眼的文字。

百度：用科技让复杂的世界更简单。

阿里巴巴：让天下没有难做的生意。

腾讯：用户为本，科技向善。

我们不难发现，以上三句话是相应公司的使命。那么，公司使命从哪里来？它既可以是创始人创办公司的初心，也可以是公司在发展过程中不断探索的道路。

它既可以是初心不改、始终如一的坚守，就像阿里巴巴的使命；也可以是一再优化、不断升级的结果，就像腾讯、海尔集团一样，随着公司战略的调整，公司的使命也在不断改变。

然而，将公司使命用文字表达出来并不是一件容易的事情。有一些公司具有完善的企业文化体系，公司使命已经确定，公司介绍中只需要引用即可。但是，一些公司并没有明确的使命，那么公司介绍的编写者就有必要进行总结，并请公司领导审核、确认，这样既能使公司介绍更加精准，也能促使公司领导认真思考使命。毕竟，它是公司介绍的核心与灵魂；逻辑上，其他内容都是在它的统领下的分述。

百度最初的使命是“让人们平等、便捷地获取信息，找到所求”，那是基于互联网搜索的公司核心产业定位。在公司成立17年后（2017年）“五四”青年节这一天，董事长李彦宏以内部公开信的形式，宣布公司启用新使命——“用科技让复杂的世界更简单”。新使命的公布拉开了百度从全球最大的中文搜索引擎，转型为全球领先的人工智能科技公司的序幕。2019年，李彦宏表示，百度未来采用“夯实移动基础，决胜AI时代”的整体战略，锚定百度未来的新坐标——不仅是聚焦用户、成就他人的百度，也是立足全球、有所作为的百度。

此外，我们也能够看到，百度地图“科技让出行更简单”，百度搜索“百度一下，生活更好”与百度的使命一脉相承。

思考引领行动，行动推进思考，只有思行结合，才能使命必达。从这种意义来说，公司简介的编写也是公司领导深入思考公司的定位是什么、公司为什么而存在、公司的市场战略是什么、公司的长远奋斗目标是什么等一系列问题的机会。

通过对这些问题进行回答，能够更加明确公司发展的方向和道路。从这种意义来说，一份经过深思熟虑而编写出来的公司简介，堪称公司发展的指导纲领。

同理，一句话介绍也可以作为一种思维模式，用于各个部门、各个业务系统宣传语的提炼。比如，市场营销部门如何用一句话介绍产品和服务体系？售后服务部门如何用一句话介绍公司的服务体系？人力资源部门如何用一句话介绍公司的人才体系？研发部门如何用一句话介绍公司的研发体系？

下面列举几家互联网公司的一句话介绍。

百度公司：用科技让复杂的世界更简单。

百度搜索：百度一下，生活更好。

百度地图：科技让出行更简单。

手机百度：有事搜一搜，没事看一看。

新浪微博：随时发现新鲜事。

抖音：记录美好生活。

快手：拥抱每一种生活。

京东：坚守正道成功，以为社会创造价值为己任。

京东零售集团：备受用户信赖、以供应链为基础的友好交易零售平台。

京东商城：多快好省，只为品质生活。

京东科技集团：帮助行业降低供应链成本，成为值得产业信赖的数字合作伙伴。

京东物流集团：成为全球最值得信赖的供应链基础设施服务商。

京东快递：发快递，找京东小哥。

京东物流：有速度，更有温度。

淘宝：淘！我喜欢；

万千好货，淘不停；

品牌汇聚，淘我喜欢；

精选好物，享受生活，放心购；

太好逛了吧。

天猫：理想生活上天猫；

引领更好生活趋势。

拼多多：拼着买，才便宜。

从以上示例不难发现，公司的一句话介绍本质上就是公司的广告语。要想提炼好这个广告语，可以从目标受众、客户需求、公司定位、公司优势四个方面去分析。

通俗地说，这四个方面可以理解为：我是谁？你是谁？你有什么需求？我能为你做什么？

当提炼广告语时应遵循如下路径：提炼核心词（关键词、标签词）→组织表达语→修改表达语→测评表达语→定稿。

在公司诸方面的一句话介绍中，与消费者最贴近的显然是产品和服务广告。另外，研究发现，受消费者认可的产品和服务广告一般都考虑了消费者的诉求。

凭借多年的企业文化咨询工作经验，我认为如果公司的企业文化理念提炼得十分到位，那么便可将其作为公司某个方面的一句话介绍。比如，海尔早期的人才理念“赛马不相马”和后来的人才理念“人人都是CEO”。“赛马不相马”指的是业绩说了算，“人人都是CEO”则强调在海尔打造物联网生态企业时代，要给予员工充分的自主决策权和自我发展的舞台，让每个人都成为自己的CEO，让对物联网充满期待、拥有创客精神的人和想要创造未来的人加入海尔生态圈。

再如，海尔三翼鸟智慧家居的广告语为“升级智慧家，就找三翼鸟”。从单一的产品介绍到智慧家居物联网生态场景品牌广告，消费者看到了海尔引领行业消费趋势的姿态。

第四章

手把手教你编写公司介绍手册

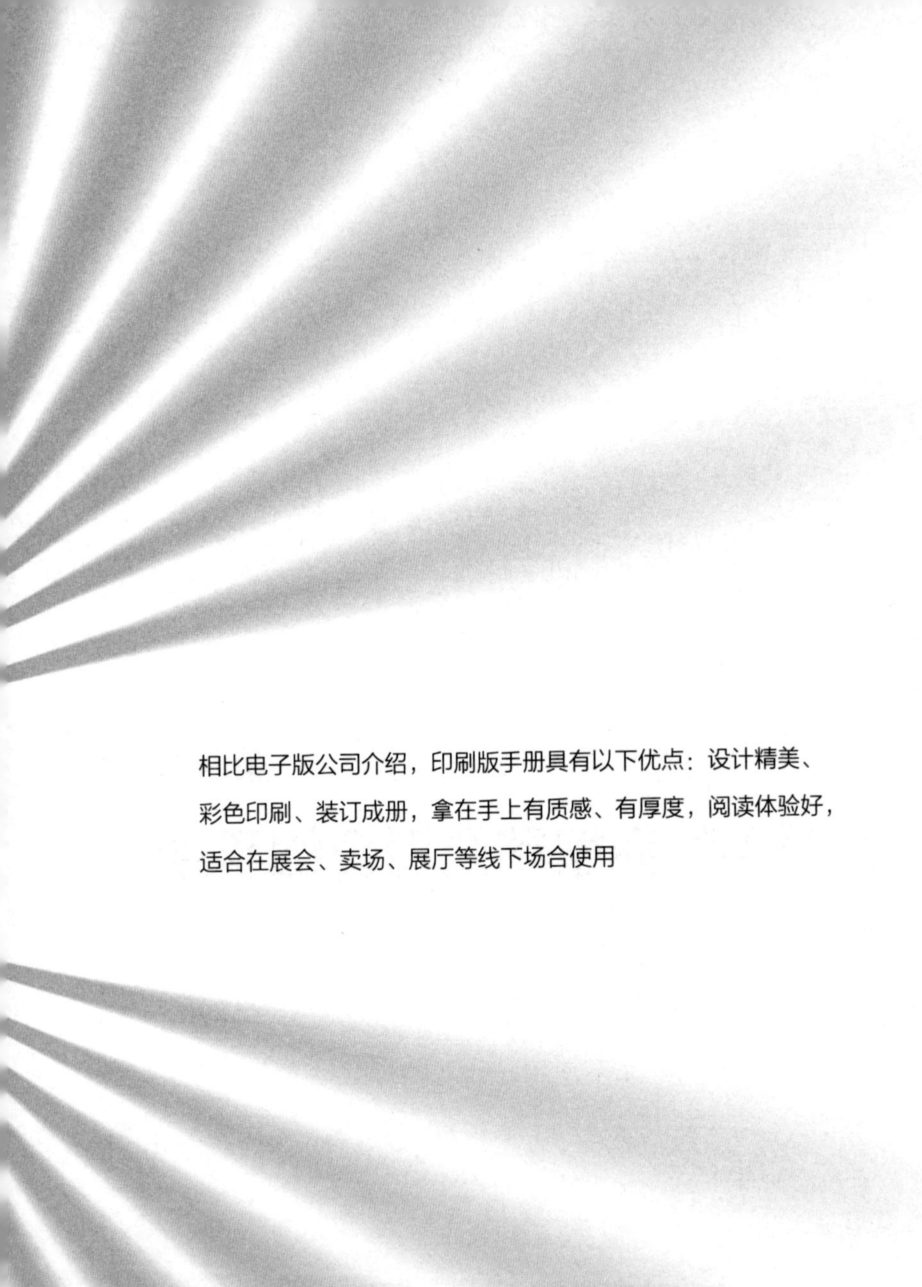

相比电子版公司介绍，印刷版手册具有以下优点：设计精美、彩色印刷、装订成册，拿在手上有质感、有厚度，阅读体验好，适合在展会、卖场、展厅等线下场合使用

在公司介绍体系中，印刷版公司介绍手册是最为常见的，也是公司介绍必备的一种载体形式。相比电子版公司手册，印刷版手册具有以下优点：设计精美、彩色印刷、装订成册，拿在手上有质感、有厚度，阅读体验好，适合在展会、卖场、展厅等线下场合使用。

我从事企业咨询工作多年，职业习惯使我对公司介绍手册特别感兴趣。因此，无论在何种场合，只要看到公司介绍手册，我都会忍不住从设计到内容审视一番。我也收藏了不少公司介绍手册，经常从书架上抽出几本，逐一翻看，对比之下，哪本质量好，哪本质量差，应当如何完善，了然于胸。

我也经常与一些设计师和负责公司介绍文案的朋友交流，久而久之，大家形成了一些基本共识。下面对公司介绍手册编写和设计的关键点进行系统的梳理。

一、封面

1. 主题明确

在一次京津冀一体化发展大型展会上，我看到几家公司展台上摆放着公司介绍手册，映入眼帘的只有一行文字：某某有限公司。除此之外，没有任何主题文字和主题图片，就像一本白皮书，总觉得有所欠缺。还有一些公司介绍手册，虽然封面上有文字，但与内页的介绍内容差距很大，让读者不知所云。

我所收藏的公司介绍手册也有相当一部分是这种情况。从这样的封面上，外行人或刚入行的人根本不知道这家公司属于什么行业、经营什么业务、产品的特色和优势是什么。

我也看到过一些比较规范的公司介绍手册，很直观地就能让读者感受到这家公司是做什么的，这样的公司介绍手册才能发挥应有的宣传效果，否则就是对封面资源的极大浪费。

公司介绍手册的主题就是对手册内容的高度概括。为了更好地吸引读者，给读者留下深刻的印象，有些专业的公司介绍手册封面不仅有主标题，还有副标题。同时，这些专业的公司介绍手册还精心设计了封面，用配套的颜色、图片烘托文字主题，赋予文字主题更强的视觉冲击力。

因此，公司介绍手册的封面设计非常重要，其是公司介绍手册的脸面，各家公司一定要认真对待。各家公司不但要认真考虑封面到底要传达哪些信息，而且要考虑如何才能提升封面的视觉美感，让公司介绍手册的“颜值”更高，传播效果更好。毕竟，美是具有感染力的，以美的标准传播公司介绍可能事半功倍。

2. 名称精准

需要注意的是，封面上的公司名称一定要使用全称，全称是指公司注册的名称，即营业执照上的名称。为什么要把这一点单独拿出来强调呢？因为我发现一些公司介绍中的公司名称错误百出，具体来说，共性的问题主要有以下三个：

（1）名称中体现地域的文字被随意省略；

（2）名称中“有限”二字被随意省略；

（3）封面上的公司名称只有简称，内文中也根本没有全称。

需要注意的是，当公司介绍中第一次出现公司名称时，应使用全称，并在全称后面用括号注明简称，这样既规范又清晰。

如果当公司名称第一次出现时不使用全称而使用简称，不但不规范，而且会让人感到该公司做事不严谨。有的公司常用简称，其可能是习惯为之，也可能是有意误导读者。不规范的简称容易误导读者，读者阅读时甚至需要通过征信系统核实该公司的全称，这不但给读者带来非常大的不便，还可能使读者产生故意混淆名称的感觉，进而对商业合作造成不利的影响。

在公司介绍中，为什么存在很多刻意简化（或者模糊）公司名称的现象？若我们随机打开一家公司的官网，则很容易发现其公司简介的开头便是“某某集团是……”类似的表达。甚至在官网的下方，也没有标出公司注册的名称，相当于向读者屏蔽了该公司的注册地、总部所在地等重要信息。一些人有这样的误解——“集团”代表规模大、实力强，因此只要公司有几家分支机构，便自称“某某集团”。其实，这样做不但不会提升公司的形象，反而会损害公司的品牌形象，适得其反。

事实上，公司名称中没有“集团”二字，也可以规模大、实力强。比如，华为技术有限公司中并没有“集团”二字，但它依然知名度很高。

一家公司最宝贵的品质是“诚信”，如果在宣传上给客户留下了良好的诚信印象，那么对合作是很有利的。有的公司名称中有“集团”二字，那就自然保留，如天津港（集团）有限公司，

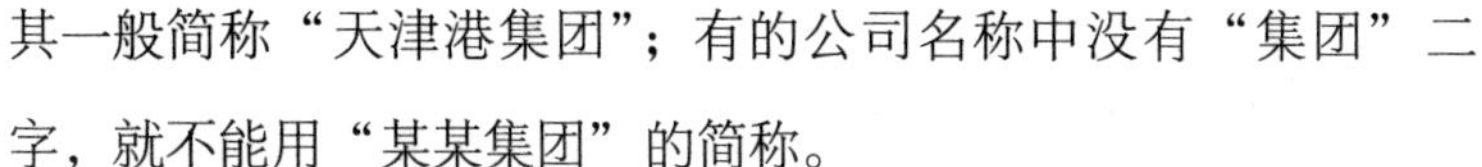

其一般简称“天津港集团”；有的公司名称中没有“集团”二字，就不能用“某某集团”的简称。

总之，公司介绍手册的封面上应尽量使用公司全称。有的公司介绍手册的封面上直接使用公司简称，而且简称很随意，这不但不利于塑造品牌形象，反而有损品牌形象。而有的公司介绍手册封面上的名称乍一看是全称，但仔细一看并不完整。有形象识别系统的公司，应当按照形象识别系统的要求规范使用公司名称；如果没有形象识别系统，那么也要保证公司 Logo 和全称精准无误。

3. 编印时间

公司介绍手册的编印时间应当体现在封面的适当位置。这样做的必要性体现在以下两个方面：

（1）提醒读者注意内容的时效性；

（2）提醒编制人员及时进行更新。

通过调研，我了解到有些公司对公司介绍手册的每一版都进行存档，随着时间的推移，自然形成了扎实、厚重、有序的积累与沉淀。这些公司每次编写新的公司介绍时，都会参考旧版本，力求做到扬长避短、循序渐进、不断完善。

4. 制作团队

在公司介绍手册的封底（也属于封面的一部分）应列出制作团队，包括策划、编辑、校对、排版、设计等人员。这样做，一是促使团队养成规范、严谨的工作习惯；二是责任自负，增强团队的责任意识。

5. 联系信息

通常，在公司介绍手册的封底会标注公司的联系信息，具体包括公司地址、电话、邮箱、网址、公众号、微博等。有些规模较大的公司有多家分支机构，在公司介绍手册的封底会将各家分支机构的联系信息一并列入，这样既方便读者获取资料，又显示了公司自身实力雄厚。另外，公司介绍手册上的联系信息务必与公司官网上的联系信息一致，这样既严谨、规范，又可以使相关人员养成随时更新公司联系信息的习惯，从而给客户留下良好的印象。

二、前言

前言一般指公司介绍手册目录和正文之前的内容。通常情况下，前言由公司创始人或董事长等撰写，目的是从公司领导的角度来介绍公司。前言主要包括公司历程、公司战略、企业文化等。一般情况下，前言的字数大约为 1000 字，最多不超过 2000 字，并且最好配上署名、作者照片和简介，因为对公司创始人或董事长的介绍也是公司介绍的一部分。

三、栏目设置

通常情况下，公司介绍手册的栏目与公司简介的结构基本相同，也可以说，公司介绍手册的栏目基本上是对公司简介内容的扩充。但是，由于各个行业有各自的特殊性，即便同一个行业，各家公司的实际情况也各不相同，因此编写公司介绍手册的基本思路应该是立足实际，扬长避短，根据实有的宣传素材进行栏目设置。下面是对公司介绍手册基本栏目的梳理。

1. 公司简介

在公司介绍手册中，第一部分是公司简介。公司介绍手册中的公司简介通常要与官网上的公司简介保持一致。

当公司简介被纳入公司介绍手册时，需要注意以下几个方面：

（1）核实公司简介的时效性，确保各方面的信息是最新的；

（2）根据公司介绍手册排版设计的具体情况，在不影响文意的前提下，对文字的数量进行调整，使整体版面更美观；

（3）为了更好地帮助读者阅读，可以适当提炼几个小标题或关键词。

2. 公司历程

公司历程这个栏目占公司介绍手册页码的十分之一至八分之一。公司介绍手册中的公司历程可以以年度大事记的形式呈现，选择具有代表性的事件按一定的顺序进行排列。每件大事都要配备相应的图片，没有图证的事件最好不选用。在专项介绍手册中，公司历程中选择的事件应与相应的专项密切相关，以便突出主题。

示例

顺丰控股股份有限公司的发展历程

1993—1997年：创业起步期。依托珠三角城市群，艰难地创业起步。

1998—2001年：高速成长期。开始走出华南，走向全国，迎来快速成长阶段。

2002—2007年：管理优化期。成立总部，全面提升管理能力，规范网络，让客户感受更优质的服务。

2008—2012 年：竞争领先期。建立自有航空公司，逐步开拓国际市场，强化快递竞争优势。

2012 年至今：战略转型期。优化组织职责分工，围绕客户经营转型，提供一体化供应链解决方案，巩固 B2B 快递领先地位，开始发力电商快递，向更高的目标进发。

既然公司历程在各类公司介绍中是必不可少的内容，广泛应用在公司简介、综合介绍、专项介绍、公司网站上，梳理公司历程就成了编写公司介绍的一个先决条件。那么，公司历程应如何梳理呢？

其实，梳理公司历程主要是梳理公司大事。历程是线，大事是点，用线的思维串联点，不仅不会遗漏重要事件，还可以勾勒出公司发展的清晰脉络与未来发展趋势。

（1）如何定期梳理公司大事？

一般来说，公司大事按年度进行梳理是比较科学、合理的。利用年度总结的契机，先由集团各公司、各部门把年度大事报到集团总部，集团总部审核通过后，再正式存档，并在内部正式发布。各公司可以选择在年会、企业报刊、官网、公众号、微博、内部宣传展板上发布年度大事。有些公司还把年度大事做成视频，在年会上播放，使之成为年会的一大亮点，再配合年度总结表彰活动，很有意义，非常值得借鉴。

这种做法客观上要求每个下属公司、每个部门在活动前期精心策划、充分准备；在活动过程中留下图片和视频资料；在活动结束后及时做好文图及视频的整理、编辑、制作工作，以及宣传报道工作。

我之所以十分推崇这种做法，是因为这种做法不但会对具体的某一事件、活动的开展起到良好的管控和促进作用，而且可以为公司后期进行众多事件的组合宣传提供充足的素材。

在特定的时间，为了特定的目的，精心策划主题，将过去发生的独立事件与活动进行精心组合和主题化连接，品牌成长的路线图便会清晰地呈现出来。

通过这种不断与外界沟通的方式，品牌的价值也会逐步得到提升。

案例

某某集团征集《集团各公司2020年大事记》的通知

为全面、客观地记录集团总部及各公司2020年所发生的重大事件，展示各公司2020年所取得的成绩、荣誉，更好地服务领导决策和公司发展，推动各项工作再上新台阶，现就征集《集团各公司2020年大事记》的工作通知如下：

一、时间

2020年1月1日—2020年12月31日

二、大事记的内容

1. 公司规模方面取得的进展与业绩：新产品投产、新项目启动、新技术引进、新设备引进、原有项目改扩建、新的科研成果等。

2. 公司年度经营情况财务核算：年度销售额、利税总额、与往期的比较分析等。

3. 公司组织结构方面的重大变动和调整、高层领导变动、高层次人才引进、举办大规模培训等组织与人力资源方面的重大事件。

4. 公司高层领导参加的重要会议，对外的重要交流等活动；政府机关、外界同行、专家来公司指导、考察、调研和交流等工作。

5. 公司重要会议及决议。

6. 公司所获得的各项荣誉。

7. 公司内部的管理：质量管理体系和信息化建设，以及工程管理、财务管理、人力资源管理、生产管理等内部管理方面的重大情况。

8. 媒体对公司的重大宣传报道。

9. 企业文化建设情况：外部形象宣传活动、大型的公关活动等。

三、编写体例（格式）要求

1. 真实准确。每件大事的概述应具备时间、地点、单位、人物、简要经过等要素。时间应精确到日，如会议应以开幕之日为准，工程项目进展应以开工或竣工之日为准，其他事件应以发生之日为准。荣誉名称要用全称，并应配备图片。

2. 一条一事。一个条目着重记述一件大事，做到清晰明了。

3. 有序排列。按大事发生的时间顺序进行排列，时间精确到日。

4. 语言简练。用叙述性语言进行表述，言简意赅，尊重事实，客观描述。

5. 图片清晰。重大事件务必配备相关图片，有新闻报道的还要注明进行报道的媒体，有网址的提供相关链接。

6. 所有事件要写清楚所产生的客观效果和影响。

四、责任部门

各公司行政部、综合管理部。

五、完成时间

在 12 月 31 日前，将资料提交到集团综合管理部。

某某集团

2020 年 12 月 1 日

案例分析

本案例有以下几点可供我们参考：

√ 大事记征集通知的格式。

√ 征集通知中的内容要点。

√ 大事记的编写体例。

“按月梳理，年底整合”是一些公司常采用的方法。有些大公司的内部刊物上设有类似“大事”“要闻”专栏，本着“大事必须上，正常动态确保不遗漏”的原则，每月对重大事件进行梳理，再在年底进行整合，这样就有了很好的参照。有些公司没有内部刊物，那么可以在公司官网的新闻动态栏目中，对大事、要事进行重点宣传报道，到年底同样可以进行汇总，并且按照大事记的特定格式、体例要求提炼编写，这样效率也很高。

案例

2020 年蒙娜丽莎大事记

——一个个鲜活的印迹，勾画出蒙娜丽莎人跨越式发展的 2020

1 月 21 日，蒙娜丽莎集团成立“防控新型冠状病毒感染的肺炎疫情领导小组”，同时成立 24 个“疫情防控应急工作小组”，对三大基地、3000 多名员工节后返岗复工进行有效监控。

1 月 29 日，蒙娜丽莎集团向湖北省慈善总会捐款 200 万元，用于新冠肺炎疫情防控。

2 月 2 日，蒙娜丽莎集团广西藤县生产基地 D 窑正式进入生产状态，这使蒙娜丽莎集团成为全行业 2020 年春节后最早投入生产的陶瓷企业之一。

2 月 10 日，蒙娜丽莎集团西樵生产基地、清远生产基地点火投入生产，这使蒙娜丽莎集团成为疫后广东省首批复工复产的企业。

2 月 29 日，蒙娜丽莎集团举行首场疫后直播带货，短短两小时吸引 26 万多人在线观看，随后，直播带货成为疫情期间的常态化销售渠道。

3 月 28 日，随着广西藤县生产基地 G 窑第一片抛釉砖缓缓驶出窑炉，广西藤县生产基地一期工程第一阶段 4 条窑均进入正常生产阶段。

5 月 20 日，佛山市领导莅临蒙娜丽莎集团，调研疫情期间的复工复产情况。同时，佛山市领导、著名经济学家周其仁到蒙娜丽莎集团调研开工情况。

5 月 25 日，广西壮族自治区领导莅临广西藤县生产基地，就广西藤县生产基地第二季度运行情况进行调研。

6 月 6 日，广西藤县生产基地一期二阶段 3 条生产线成型车间工程项目举行开工仪式，与此同时，集团总部 3 条新型特种陶瓷板生产线也破土动工，并成为 2020 年集团最大的投资项目。

6 月 10 日—11 日，蒙娜丽莎集团举行机构投资者交流会，60 多家投资机构的近百名代表齐聚蒙娜丽莎集团，他们先后参观了佛山总部和广西藤县生产基地，深入了解蒙娜丽莎集团的发展态势。

6 月 30 日，以“高定时代，大开‘岩’界”为主题的蒙娜丽莎岩板高定战略发布会在西樵举行。这是蒙娜丽莎集团在家居高端定制蓬勃发展之际率先做的市场布局。

7 月 2 日，在生态环境部和北京市人民政府联合举办的“全国低碳日”活动中，蒙娜丽莎集团荣获“2020 低碳榜样”称号。

7 月 22 日，蒙娜丽莎“探索发现体验馆”隆重亮相 2020 佛山潭洲陶瓷展，碧桂园董事局主席杨国强莅临蒙娜丽莎展位，细细品鉴了展出的每一款产品及每一个空间。

8 月 4 日，蒙娜丽莎研究院落成并举行盛大的启用仪式，与此同时，集团发布全屋定制健康陶瓷板（砖）系统，并举行营销沟通会。

9 月 29 日晚，在国庆中秋双节来临之际，以“乘风破浪稳中进，逆势上扬谱新篇”为主题的蒙娜丽莎集团 2020 年国庆中秋文艺晚会在佛山西樵总部基地、广东清远生产基地、广西藤县

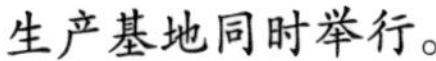

生产基地同时举行。

10月14日，蒙娜丽莎集团正式签约成为杭州2022年第19届亚运会官方建筑陶瓷独家供应商。

10月15日，杭州2022年第19届亚运会官方建筑陶瓷独家供应商发布会在蒙娜丽莎集团总部佛山举行。

10月27日，由中国建筑材料联合会主办的中国建材行业新技术、新产品成果发布会在北京召开，向世界展示“蒙娜丽莎3mm高强韧抛光岩板和透光岩板”两款行业核心新技术成果。

11月12日，佛山市生态环境局发布《关于2019年度佛山市企业环境信用评价结果的通知》，蒙娜丽莎再次上榜，成为佛山市乃至全国陶瓷行业唯一一家连续5年获得环保绿牌的企业。

11月24日，2020年全国劳动模范和先进工作者表彰大会在北京人民大会堂召开。会上，蒙娜丽莎集团副总裁刘一军获得“全国劳动模范”荣誉称号。

11月27日，由中国新闻社、中国新闻周刊主办的“2020年度影响力人物”荣誉盛典在北京钓鱼台国宾馆举行。其中，蒙娜丽莎集团董事、总裁萧礼标荣获“年度行业领军人物”。

12 月 13 日，蒙娜丽莎集团 2020 年科技工作会议在总部员工知行生活馆举行。会上总结了 2020 年的集团科技工作，表彰了先进科技工作者，并对 2021 年的科技工作计划进行了研讨。

12 月 27 日，蒙娜丽莎西樵生产基地两条特种高性能陶瓷岩板生产线（118B、118C）举行点火仪式，并首次引入行业领先的双层窑炉，使蒙娜丽莎岩板产能大幅提高。

案例分析

本案例有以下几点值得我们参考。

√ 蒙娜丽莎集团在 2020 年年末盘点了本年度的大事。大事记的格式为：时间（月 + 日）、地点、事件概述、事件的意义和影响力。

√ 读者可以仔细阅读每一件大事，从中发现公司大事编写、提炼的常规方法。

√ 这些大事通过公司网站、公众号等多种渠道及时对外发布。对外，蒙娜丽莎集团给行业、消费者、社会关注者以经营稳健、业绩斐然的良好印象；对内，蒙娜丽莎集团及时总结反思、省察提升。这是促使其经营与管理水平不断提升的工作方法之一与重要抓手。

对中小公司来说，由于大事可能不像大公司那样多，甚至没有多少大公司常发生的那些大事，但它们同样有对自身发展起着重要作用及对品牌传播有利的事件。许多中小公司会在每年年末通过特定的方式，评选出公司年度若干大事，这既是盘点公司业绩的一种良好的方法，也是推动公司更好发展的一个明智的举措。

通过这种方式产生的公司大事记可以直接用在公司介绍中。同时，各公司可以根据特定的传播用途对大事记进行创意改编，让其发挥更大的价值。

（2）公司大事的评判标准。

所谓公司大事，是指在公司经营与管理、文化发展与战略提升中影响比较大的各类事件，以及组织机构和人事变动等事件，同时包含公司履行社会责任方面的事件和主要领导人活动等。公司大事是一个相对概念，不同规模的公司对大事有着不尽相同的衡量标准。

同样的事件，对大公司来说，算不上大事，但对小公司来说，可能就是大事。因此，小公司在梳理大事记时，应当结合自身情况，不怕小，但求实，专注做好自己，一步一个脚印，真实记录自己的成长足迹。

仅对某家公司来说，公司大事是对公司具有十分重要的意义、对公司发展起着推动作用、在公司发展历史上具有标志性的事件。

只要满足上述三个条件中的任意一个，都可以称为公司大事。参照这三个条件来审核公司大事，我们很容易就可以达成共识，选择起来便会有据可依，不会太困惑和纠结。

（3）梳理公司大事的重要意义。

1）定期盘点、复盘，持续促进经营管理升级。

各公司应对本年发生的大事进行盘点、复盘，并对来年的工作进行合理的规划。公司有了全年的业绩图，对来年的规划便有了依据，对提升经营管理也会有切实的帮助。

一些优秀的公司，每年都要评选出“公司年度几大事件”，并且与年度表彰优秀部门和员工结合在一起，逐步形成机制，这已经成为推动公司成长的力量之一。

2）长期坚持，不断积累公司品牌资产。

公司大事记承载着公司发展的历程，凝结着公司经营管理各方面的成功经验。公司品牌的传播和社会形象的塑造也通常由公司的重大事件来承担。因此，重视公司历史的梳理，挖掘历史事件背后的核心价值和成功方法，对公司品牌资产增值具有重要的作用。

（4）大事记的审核、存档与发布。

公司大事记经过领导层审核并通过后，正式编印成《公司大事记》，并作为公司的重要档案正式存档，存档期为永久。同时，各家公司还可以在一定范围内正式发布大事记，以传播公司品牌。

案例

2021 年 4 月 16 日，GE 中国微信公众号发布了《GE 129 岁了，这是 TA 的 21 个成长瞬间》，文章第一部分（开篇导语）如下：

129 年前的今天，通用电气公司（General Electric Company，GE）正式成立。从此，GE 就与“创新”一词紧密相连，从实验室走向工业文明，我们参与并见证了一个又一个传奇的诞生，每一次创新，每一次进步，都与你我更健康美好、更高效的生活息息相关。

今天，我们想用 21 个关键词带你回顾 GE 129 年的成长瞬间（点击 GE Logo 解锁关键词）。

第二部分（主体正文）按顺序罗列了以下关键词：

爱迪生、1892、体系“伦琴”图片、结缘中国、挑战高空、诺贝尔奖、首台发电用燃气轮机、CFM56、北京、黄金时代、本土创新、助力中国自主飞机项目、伙伴、一带一路、大九、唯一、惊世一飞、超全、107米、世界纪录、碳中和。

案例分析

这是一个典型的通过公司历程来传播公司品牌的案例。每个关键词后都附带着GE的Logo，读者只要点击这个Logo，便可以看到一段文字和一张图片。

其中，文字字数：100字以内。

体例：按照时间、事件简述、事件意义的行文格式描述一件事。

比如，点击“爱迪生”下面的GE Logo，正文如下：

1879年，爱迪生在门洛帕克实验室发明了第一只商用白炽灯；三年后，他将电力商业化，在纽约珍珠街上建造了一个直流电发电站，开启了电气时代。

点击“碳中和”下面的GE Logo，正文如下：

2020 年，GE 宣布将于 2030 年通过各项公司营运举措实现碳中和目标，将通过包括经营性投资、消除能源浪费以及智能供电等在内的手段直接降低碳排放和能源消耗，并持续投入更多前沿技术及产品，帮助全球客户实现脱碳目标。

以上两个事件，我均用三部分下画线，将一段文字分为三部分，分别为时间、事件简述、事件意义。

图片：与文字有关，配合文字。

事件选择原则：近多远少，即近年来事件较多，较远年份的事件较少。

CE 的事件选择具体如下：

2020 年，2 件；

2019 年，1 件；

2017 年，1 件；

2014 年，3 件；

2012 年，1 件；

2008 年，1 件；

1998 年，1 件；

1990 年，1 件；

1985 年，1 件；

1980 年，1 件；

1949 年，1 件；

1932 年，1 件；

1919 年，1 件；

1906 年，1 件；

1895 年，1 件；

1892 年，1 件；

1879 年，1 件；

未注具体年份大事 1 件，并且也是近年发生的。

第三部分（结束语）如下：

这是 GE 成长的 21 个瞬间，它记录了我们迎接世界挑战、

不断突破创新的旅程。在不远的未来，我们想创造的还有更多：我们想助力能源转型，让能源利用更高效、清洁、低碳；我们想重塑未来航空，让飞行更智能、更高效；我们想促进精准医疗，让“健康中国”早日实现。因为你的期待和关注，才有我们的持续突破，未来创新继续，携手驱动高效未来！

第四部分（互动）如下：

在你心中，GE 还有哪些值得铭记的成长瞬间？来评论区告诉我们吧！

可以与用户进行互动是微信公众号传播的优点之一。用户不但可以随时转发某公众号发布的文章，而且可以在评论区留言，没有时效限制，阅读次数还有量化记录。我留意了一下，当天该文章阅读破万次，一周后达到 6.3 万次。

更值得大家学习的一点是，GE 中国微信公众号中的这 21 条信息（包括文字和图片）原封不动地摘自其官网“我们的公司”栏目下的第一个子栏目“公司历史”。

这个案例提示我们，在公司成立若干周年纪念日，从官网已经整理好的公司历程中选择若干事件，是高效组织公众号内容的一种方法。在公司成立若干周年纪念日，选择公司发展过程中的若干事件，以点带面展开，也是对公司品牌的再传播。

这个案例还说明，从公司介绍的角度来看，微信公众号与官网之间是优势互补的协同关系，官网是公司介绍的信息大本营，微信公众号是高效推送的先锋官。

案例

蒙娜丽莎集团历年大事记

1992 年 8 月 28 日，企业前身原“樵东墙地砖厂”正式投产，推出瓷质印花砖。

1996 年，水晶砖面市，步入水晶砖时代。

1998 年，集体企业转制为民营企业。

1999 年，通过 ISO9002 认证。

2000 年，蒙娜丽莎商标注册成功，“雪花白”诞生并奠定品牌形象。

2001 年，成立“武汉理工大学樵东陶瓷研究所”。

2003 年，荣获“广东省名牌产品”“广东省著名商标”证书；被认定为“国家火炬计划重点高新技术企业”；投资建设广东清远生产基地。

2004 年，广东省工程技术研发中心、广东省企业技术中心落户蒙娜丽莎集团。

2007 年，承担国家“十一五”科技支撑重大项目；干压大规格陶瓷板生产线落户蒙娜丽莎集团。

2008 年，陶瓷板项目荣获“国家建筑材料行业科技进步一等奖”；启动“蒙娜丽莎集团携手搜狐助威中国体操”营销传播。

2009 年，参与起草的行业标准《建筑陶瓷薄板应用技术规程》和国家标准《陶瓷板》相继公布并实施；“蒙娜丽莎文化艺术馆”盛大揭幕；作为代表参加“辉煌六十年——中华人民共和国成立六十周年成就展”。

2010 年，入选国家“资源节约型，环境友好型”试点创建企业。

2011 年，成立蒙娜丽莎集团徐德龙院士工作站。

2012 年，荣获“全国五一劳动奖状”。

2013 年，蒙娜丽莎集团徐德龙院士工作站升级为“广东省蒙娜丽莎新型无机材料院士工作站”和“佛山市蒙娜丽莎徐德龙院士工作室”；集团博士后科研工作站成立。

2014 年，“蒙娜丽莎企业技术中心”被认定为“国家认定企业技术中心”。

2015 年，变更为“蒙娜丽莎集团股份有限公司”；获得“广东省政府质量奖”和“佛山市政府质量奖”。

2016 年，10 000 吨（1 吨 = 1000 千克）压机正式上线投入生产；向中国证券监督管理委员会递交 IPO 材料并首次披露；获得“中国轻工业无机材料重点实验室”。

2017 年，引进干压成型 16800T 压砖机，成功压制出 2400mm × 1200mm 陶瓷大板；荣获中华人民共和国工业和信息化部首批“绿色工厂单位”；12 月 19 日，蒙娜丽莎集团在深圳证券交易所中小板挂牌上市。

2018 年，签约成为“第 18 届亚运会官方支持合作伙伴”；与广西藤县政府签署建设蒙娜丽莎陶瓷生产项目合作意向书；签约成为“国际米兰足球俱乐部中国区官方合作伙伴”；推出超石代岩板私人定制应用整体解决方案；获得“第三届中国质量奖提名奖”；获得“2018 年度责任企业”。

2019 年，广西蒙娜丽莎新材料有限公司与广西美尔奇建材有限公司在广西藤县奠基；获批“中国轻工业工程技术研究中心”；引进国产 36 000 吨压机，3600mm × 1600mm 超大规格陶瓷大板生产线投产；入选“2020 年迪拜世博会中国馆指定瓷砖供应商”；获得“2019 年度低碳榜样”；广西藤县生产基地正式点火试产。

2020 年 3 月，蒙娜丽莎广西藤县生产基地一期工程第一阶段 4 条生产线全面投产；6 月，举办蒙娜丽莎岩板高定战略发布会，开启岩板高定时代；8 月，蒙娜丽莎研究院成立并推出全屋定制健康陶瓷板（砖）系统，第 12 届蒙娜丽莎微笑节成功举办；10 月，签约成为杭州 2022 年第 19 届亚运会官方建筑陶瓷独家供应商。

案例分析

本案例有以下几点值得大家学习、参考。

√ 快速及时。2020 年 12 月中旬，蒙娜丽莎集团官网上公司大事记栏目已经把 2020 年的大事写了进去。相比而言，从大部分公司的官网可以看到，它们大事记的梳理还停留在几年前，近年来的大事没有及时更新，这种情况具有普遍性，我们应当重视起来，力求避免。

√ 多中选要，多中选大。在公司发展历程中，2020 年的大事是从 2020 年 23 件大事中精选出来的。读者可以仔细评估一下，为什么在公司发展历程介绍中选择了这些事件？它们为什么比较重要？

√ 连续、全面、完整。对于梳理出来的大事记，在公司介绍中，如果篇幅允许或者大事的数量有限，可以全部放上，这样人们可以从中清晰、完整地看到公司的发展轨迹和发展全貌。

√ 敢于做减法。如果要在公司简介中应用大事记，但公司简介的篇幅有限，那么我们需要对各件大事进行缩减，或者只留下若干具有代表性的事件，并且可以将事件的具体时间简化到年，再进一步进行简练的表达。

3. 公司优势

公司优势这个栏目大约占公司介绍手册总页码的五分之一，不同的行业表现公司优势的方式不同。比如，生产制造型公司需要突出自己的先进设备、精益管理及高质量产品；技术服务型公司应适当地宣传自己所服务过的典型用户、技术攻关项目案例；房地产公司需要宣传自己先进的地产开发理念及开发的地标性建筑；研究咨询、教育培训等智力服务型公司则需要突出自己的人才和团队优势。

示例

温氏股份现为农业产业化国家重点龙头企业、创新型企业，组建有国家生猪种业工程技术研究中心、国家企业技术中心、博士后科研工作站等重要科研平台，拥有一支由20多名行业专家、70名博士为研发带头人，635名硕士为研发骨干的高素质科技人才队伍。

4. 公司荣誉

公司荣誉这个栏目大约占公司介绍手册总页码的十分之一。如果是综合介绍手册，那么荣誉奖项的分布要全面，各个领域都要“照顾”到；如果是专项介绍手册，则无须面面俱到，只需要突出专项荣誉即可。比如，产品手册主要介绍产品所获奖项即可；技术创新专项手册只需要突出介绍技术和专利方面所获得的荣誉即可。

如何整理公司所获得的荣誉呢？

通常情况下，成功的公司随着自身的不断发展，所获得的各级各类荣誉会越来越多，有的公司所获得的荣誉甚至已经达到数不胜数的程度。

一些非常重视荣誉、视荣誉为自身重要资产的公司，会有意识地将所获得的荣誉证书、奖牌、奖杯集中在一起保存、展示。比如，一些公司会在会议室腾出一面墙展示所获得的荣誉，若一面墙展示不下，则会设立专门的荣誉展览室，或者在公司历史展览馆专门设计一个荣誉展示空间。

公司获得的各项荣誉是有关部门对公司取得的业绩的褒奖，是对公司的肯定，也是第三方权威机构对公司品牌的有力佐证和背书。

这些荣誉值得员工骄傲，值得社会称赞。它们见证了公司所取得的成绩，并激励着员工不断为公司更美好的未来而努力奋斗。

在编写公司介绍时，如何介绍公司荣誉呢？

为了完整、清晰地说明公司介绍中公司荣誉部分如何编写，下面我分四个层次来说明。

（1）如何整理荣誉？

无论公司规模多大、历史多悠久，公司在行业中的排名多靠前，都要珍视所获得的各项荣誉。企业文化或品牌部门应当随时将公司各系统所获得的荣誉整理好，并制作成表格。表格的关键项目一般包括序号、获奖时间、荣誉名称、颁奖单位、获奖单位、获奖原因、荣誉级别、领奖代表、荣誉保存单位或个人、登记人、图片编号及图说等。

当各项荣誉整理完毕后，可以将其打印并装订成公司荣誉手册，放到公司档案室保存，这样可以供领导和相关部门随时查阅。

这个荣誉表格还可以做成公司荣誉数据库，并放到公司官网上以供大家查阅。有了公司荣誉数据库，相关部门可以便捷地对所获得的荣誉进行检索和再统计，这样运用起来也非常方便。

公司荣誉数据库还可以配上荣誉证书、奖牌、奖杯的图片，这些图片最好与获奖新闻进行链接。

（2）如何在公司综合介绍中介绍公司荣誉？

我们可以根据公司所获荣誉的具体情况，专门列出一个栏目集中介绍公司荣誉，也可以将公司荣誉放在公司大事记栏目中，不单独展示，这样同样可以起到宣传作用。无论哪种展示方式，都要求精确无误地体现获奖时间、颁奖单位、荣誉名称、获奖原因。

在这方面，常见的错误是荣誉名称随意简化、颁奖单位随意简化或省略、获奖时间不详等，任何一个错误都会给公司带来不利的影响。

到底哪些是具有代表性和说服力的荣誉呢？

我们可以通过颁奖单位和奖项的级别来判断，通常来说，级别越高所获得的荣誉越重要，可以说颁奖单位的级别代表着所获荣誉的级别，即颁奖单位的级别越高、越具有权威性，我们越要优先选择对应的荣誉。

此外，我们还要看公司介绍的阅读对象是谁，要以阅读对象为中心，有所侧重地选择所获荣誉。比如，给环保部门报送的公司简介，侧重点应为公司在环保方面获得的荣誉和在履行社会责任方面获得的荣誉，以及当地政府颁发的奖项。

（3）如何在公司专项介绍中介绍公司荣誉？

由于公司专项介绍具有很强的针对性，荣誉介绍部分也要具有很强的针对性。比如，在产品手册中，荣誉介绍部分只涉及公司在产品方面获得的荣誉即可；在社会责任报告中，荣誉介绍部分应重点突出公司在社会公益方面获得的荣誉。

（4）如何在公司简介中介绍公司荣誉？

由于公司简介的字数有限，在编写时需要字斟句酌、精益求精，其中荣誉介绍部分更需要有所选择，同时要考虑如何组织好文字。先写哪个、后写哪个、再写哪个，都要有明确的评估。在严格限定字数的情况下，既可以按照时间顺序介绍，也可以按照荣誉级别高低介绍，还可以采用以点带面的方式，先列举几个典型荣誉，再辅助一句荣誉概述。

案例

在福耀集团的简介中，对董事长曹德旺所获得的荣誉是这样介绍的：

董事长曹德旺先生从 1987 年至今个人捐款累计逾 120 亿元，被誉为“真正的首善”；2018 年入选“改革开放 40 年百名杰出民营企业家”；2009 年荣膺企业界的“奥斯卡”——安永全球企业家奖；2016 年荣获全球玻璃行业最高奖项——金凤凰奖，评委会称：“曹德旺带领福耀集团改变了世界汽车玻璃行业的格局。”①

案例分析

下面具体分析一下该荣誉介绍的写法和排序。

首先，公司重要领导人的荣誉也是公司荣誉的一部分。福耀集团董事长曹德旺先生所获得的荣誉也是他的职务贡献所获得的

---

① 案例来源：福耀玻璃工业集团股份有限公司官网。

荣誉，可以看成公司荣誉的一部分。因此，有些公司简介中把领导人所获得的荣誉也写了进来。

其次，曹德旺所获得的荣誉很多，编写者只选取了4个具有标志性的荣誉：一是肯定他在履行社会责任（慈善捐赠）方面做出的独特贡献——被誉为“真正的首善”；二是肯定他在中国改革开放史上的重要地位——入选“改革开放40年百名杰出民营企业家”；三是肯定他在企业管理方面的卓越才能和独特贡献——荣膺安永全球企业家奖；四是肯定他在引领行业发展方面的贡献——荣获全球玻璃行业最高奖（金凤凰奖）。有了这四个奖项，其他奖项都可以忽略。

最后，在本案例中，并没有严格按照获奖时间的先后对荣誉进行排序。但是，如果你认真阅读，就会发现编写者对先写哪个后写哪个，即在顺序的安排上是独具匠心的。在塑造董事长的形象时，编写者按照由大到小、由外而内的顺序，先讲社会责任，再讲国家责任，最后讲企业责任和行业责任。按照这样的顺序介绍，董事长曹德旺先生作为社会慈善家、中国民营企业家、全球杰出企业家、行业领军企业家的形象就非常鲜明、丰满了。从社会、国家、全球、行业四个维度来写，要比按照1987年、2009年、2016年、2018年的顺序来写更符合内在的逻辑，结尾落在玻璃行业上，也更加务实、贴切、有力。

5. 企业文化

企业文化这个栏目大约占公司介绍手册总页码的七分之一。企业文化主要包括企业文化理念、企业文化活动、社会责任等。与企业文化手册相比，公司综合介绍手册中的企业文化栏目是企业文化手册中重要内容的精选。

6. 其他

这个栏目是手册中内容最少的一部分。如果未来展望部分在前言中已经提及，那么手册的正文部分可以略去。

四、何时适合优化公司介绍

什么时间、什么情形适合对公司介绍进行优化？只要我们找到了规律，把握好时机，就可以事半功倍。

1. 年终

大多数公司都会在年终进行总结。年终总结有多种形式，有许多成果需要展示，对负责编写公司介绍的人员来说，最关心的莫过于公司介绍的优化了。编写者可以从公司介绍需要的角度，从各职能部门和下属公司的年度总结中，将重点和亮点提炼出来，再补充到公司介绍中。

公司介绍手册在年度优化升级再版时，要根据下一年度公司的发展规划和市场竞争战略提炼主题。每一部分的内容都要根据新的主题进行策划和更新。

最新版本的公司介绍手册与上一个版本相比既要具有延续性，又要具有突破性。最新版本的公司介绍手册在整体上要比上一个版本有明显的提升，更加具有吸引力。

2. 重大活动之际

许多公司每年都会举办若干重大活动，如融资、上市、周年庆典、重大项目的启动或竣工、核心产品或技术的发布等。这时，公司一般会围绕活动主题，对自身进行既全面又有针对性的介绍。公司介绍的编写者应当抓住时机，进一步对公司介绍进行梳理。

案例

2021 年 3 月 29—30 日，小米公司成功地举办了新品发布会。这显然是小米在 2021 年十分重要的一次活动。活动前期，小米公司精心策划了一系列公司介绍活动，其中包括雷军与许志远在北京奥森公园的一席对话。在小米官方微博上，我看到这次对话的宣传海报上写着“许知远 vs 雷军，灵魂对话：出圈的代价”。

视频的内容是二人结合自己的经历探讨改变与跨界、生命与成长，根本目的是从思想的深度诠释新品发布会的主题——生生不息。

这段视频在新品发布之前在小米官方微博和官网上首发，对新品发布会的举办起到了很好的预热作用。之后，这段视频被各大视频平台和网站广为转发，影响巨大，这对小米新产品和新战略的宣传起到了一定的带动作用。一个月后，在百度上搜索“雷军与许志远对话”，百度给出的相关搜索结果约 202 000 条。在流量为王的数字传播时代，这次活动的策划可谓非常成功。

有些读者可能有这样的疑问：这个对话视频怎么能算公司介绍呢？其实，这不难理解，只要把思维打开就可以看到，这段 5 分 26 秒的对话视频，通过雷军的讲述，巧妙地介绍了小米的成长经历和对未来战略的构想。雷军与许志远所说的每一句话都和公司介绍息息相关。

另外，在此次新品发布会上，还发布了小米 Logo 的升级版，突显此次新品发布会的独特性和小米的重大转折。

Logo 是品牌的高度浓缩，是公司品牌的代表符号，小米在新品发布会上对外公布新 Logo，不仅充实了新品发布会，还为小米万元手机发布和宣告其进军汽车行业做了铺垫。

从小米2021年新品发布会的一系列举措可以看出，了不起的公司一般都非常善于面向社会进行公司介绍，善于通过精心策划的事件讲述品牌故事，成功塑造自身独特、鲜明的形象。

在围绕重大活动优化公司介绍时，应该充分考虑活动的主题，应尽量满足宣传活动主题的需要，将公司介绍做出特色，做出亮点，做出水准。

围绕重大活动的公司介绍，不仅是对活动的献礼，还是对公司成长与发展从某个侧面进行的全新总结，更是增强员工凝聚力和品牌影响力的一个重要手段。

围绕重大活动的公司介绍可以从以下几个方面着力。

（1）封面设计：紧紧围绕活动主题进行主题宣传。

（2）栏目策划：紧紧围绕活动主题精心设计手册结构。

（3）目录梳理：紧紧围绕活动主题精心梳理大事要事。

（4）配图：紧紧围绕活动主题做好图片整理和图说撰写。

（5）视觉统筹设计：紧紧围绕活动主题精心设计手册，确保视觉效果。

五、设计、印刷、装订

在内容确定的前提下，一个好的公司介绍离不开专业的设计、印刷、装订。如果这方面做得不到位，那么再好的内容也会大打折扣，再有用的信息也会被平淡无奇的展示屏蔽，更不要说品牌传播了。

1. 字体、字号、行距、版心

一些公司介绍手册的排版明显存在许多问题，其中之一就是字体、字号、行距、版心的选择与搭配不当。

标题和正文的字体、字号、颜色，标题和正文之间的行距，正文的行距，以及特殊情况的处理等，都需要文字编辑与平面设计师进行沟通，统筹视觉设计。

有的公司介绍不重视设计环节，导致手册成品视觉效果大打折扣，优质的内容无法很好地向客户呈现。要想解决这一问题，相关人员应该掌握好字体、字号、行距的搭配美学原理。

怎样才算字体、字号、行距之间搭配良好？这需要结合成品的开本大小来决定。以 16 开公司介绍手册为例，一般情况下，正文字号不超过小四号，正文字体的笔画也不能太粗太深。而标题字体的笔画不能太细，字库里的字体很多，但经典的字体、常用的字体并不多。很多设计新手，一味求新求奇，采用一些小众字体、艺术字体，其实是走入了误区。有的版心太大，四周留白太少，版面撑得太满，影响了版式的美观。

标题的字号与正文的字号不能相差过大，标题最好排在一行之内，如果太长一行排不下，最好在不改变原意的前提下，适当缩减标题，这样的版式在视觉上会给人明确、清新、美观的感觉。

我看到许多公司手册的正文采用楷体、仿宋，一般正文部分字体的选择应偏细、淡、雅。如果选择的字体笔画过粗、看上去生硬，并且行距过小或过大，就会显得缺乏美感，给人很不友好的感觉。

我希望公司介绍手册除具有传播公司信息的功能之外，还具有传播美的功能。如果信息以美的方式传播，那么信息才能更好地被大家接受、认可。

比如公司简介，其在公司介绍手册中所占的版面也很讲究。有些公司介绍手册上的公司简介，就那么随便一排版，一看就知道不是出自专业的设计师之手，没有标准和美感。这样一来，本来很严谨的文字，要么行距太大，显得松松垮垮，像是为了凑页数；要么字号过大，像是为了撑满一页；要么一页上只有一两行文字，任由版面白白被浪费。

设计人员应该熟悉字体、字号、行距、版心等的设计原则，这样才能使版面达到最佳效果。公司介绍文字的编写者也需要对版式设计有一定的了解，否则无法与设计人员真正协同工作。

如果公司介绍的标题、正文、图说、注解的字号大小不协调，就会让受众感觉该公司可能缺乏专业人才。这种粗暴传播也会导致该公司的产品和服务被联想为品质低劣。

为什么这样说？道理很简单：如果连公司介绍手册都设计不好，那么怎么可能把公司的产品设计好？因此，为了给客户留下良好的印象，应当非常重视公司介绍手册的设计和印制，不可随意而为、仓促制作，这项工作应该由技术过硬的团队来完成。

如果一家公司希望自己的公司介绍手册吸引大家的眼球，则应该在整体设计上下功夫，提升整体的吸引力，不能单独加大标题的字号，正文和标题的字号应该与版面相协调。

在排版时，各部分内容应尽量集中安排在一个版块，既要避免一篇文章的小标题出现在一页的最后一行，又要避免一篇文章的最后两三行独占一页。

在解决这些问题时，设计人员可以采取适当的方法，缩小文字的行距或字间距，或者请编写者对文字进行细微调整，或增或减，以使文字内容与版面相协调。

2. 图片、颜色、风格

要想使公司介绍手册具有高颜值，设计人员不仅要对文字进行精心的排版，还要对公司介绍手册整体进行视觉统筹设计，以确保公司介绍手册满足形象识别体系的要求。

为了获得理想的设计效果，设计人员应根据公司介绍的传播定位，以受众为中心，做好创意设计。

具体来说，在设计公司介绍手册时需要注意以下两点。

（1）风格独特。

当客户拿到一本公司介绍手册时，首先注意到的是整体风格，包括开本大小、成品厚薄、纸张质感、封面设计等。这些因素综合起来，便是公司介绍手册的风格。在实际设计过程中，风格主要依托精美、高清的图片及创意无限的视觉表达。风格独特的公司介绍对公司形象的树立具有重要的意义。

（2）细节完美。

一本公司介绍手册不仅担当着展示公司形象的重任，更对公司的产品销售和服务拓展起着重要作用。因此，公司介绍手册应追求细节完美。而要想做到细节完美，设计人员不但要在设计手册时下功夫，而且前期对每张图片的拍摄都要有明确的目的，力求达到手册设计要求的配图标准，在图片的拍摄和后期处理、整体的色彩搭配及细节装饰上都要做到精益求精。

3. 书脊、印刷、装订

我收藏了很多公司介绍手册，并将它们集中在书架上陈列。我发现，书脊上有文字的公司介绍手册明显要比没有文字的显得专业和体贴。因为当我想在放满图书的书架中快速找到某公司介绍手册时，书脊上的文字为我提供了很大的便利。因此，我想说，如果公司介绍手册达到了一定的厚度，一定要利用好书脊这一关键位置，千万别让书脊空着，务必印上手册的名称（主题）及公司的名称，切不可浪费这一位置（公司的名称一定要印上去，这样才能快速从书架上被找到）。

我也曾想过，同样是公司介绍手册，为什么有的书脊上有文字，有的没有呢？直到有一天，我和一位印刷厂的负责人聊起了这个话题，他才向我透漏了其中的秘密。

原来，如果在书脊上印刷文字，设计人员需要付出劳动，印刷时还要精心计算封面、书脊的尺寸，调整书脊上文字的大小，以适应书脊的尺寸，而且胶订封面时，还要特别细心才能将文字对准书脊的正中位置，否则一旦出现偏差，就会很难看。这些工序无形中增加了制作成本，这就是有些公司介绍手册省掉书脊文字的原因之一。我想，作为公司介绍的制作团队，应该不怕麻烦，不能只图省事，在进行品牌传播时应不遗余力。

我时常翻阅一些公司介绍手册，偶尔也会看到一些装订质量不合格的手册，翻不了几次就掉页，让人感到十分惋惜，因为装订不好的公司介绍手册会严重影响公司的形象。试想，一家连公司介绍手册的装订都不能严格把关的公司，提供的产品和服务能让用户放心吗？这就是品牌联想。

还有一种现象，胶订时用胶太多，虽然很结实，但是占用了订口的留白，使跨页靠内的图片效果受到影响。因此，装订用胶不能过多也不能过少，既要结实又要美观。

我看过一些公司介绍手册，综合采用了锁线与胶订两种工艺，虽然手册很厚，内页纸张也很厚，但采用这种工艺装订出来的手册既能打开到 180 度，又非常结实、平整，读者拿在手中能够感受到装订的高超技艺，从而自然能够产生良好的品牌联想。

第五章

公司专项介绍编写大放送

细分领域的专项介绍是未来公司介绍的大趋势

公司专项介绍与综合介绍的内容既有相同之处，也有不同之处。

在以移动互联网为依托的数字化时代，公司介绍如果只包括公司简介和公司综合介绍，是远远不够的。许多公司制作了专项介绍，以更好地说明自己在某个领域所拥有的专业技术和做出的优异业绩，从而在竞争激烈、瞬息万变的市场环境中不断提升客户的信任度，与客户一起成长。

我曾到北京北四环的居然之家购物，偶然走进 Ligne Roset（写意空间）专卖店，一进去便被店内的空间设计和沙发所吸引。该店的店员耐心地向我介绍该品牌与众不同的创意与设计，还送给我两本最新的产品手册。我翻开一看，对产品无比喜爱，于是马上请店员给我拍了一张坐在沙发上翻阅产品手册的照片。之后，我不时翻阅这本产品手册，反复欣赏每个细节。我打心底佩服这家公司，它竟能把产品手册做得如此专业、精致，即使不买产品，光看看画册，也会觉得受益良多。

之后，我又按照这本产品手册提供的网址，去 Ligne Roset 的官网浏览，进一步了解了这家国际家具公司到底是如何进行品牌传播的。

我还添加了该专卖店店员的微信，以便随时从其朋友圈看到产品销售和市场活动信息。即便不购买产品，也可以从这家公司的相关介绍和产品设计中了解家具行业的最新潮流，并从中受益。这也许就是 Ligne Roset 的社会效益。因此，我在介绍 Ligne Roset 时，是怀着由衷的敬意的。

Ligne Roset 是一家法国家具制造公司，始创于 1860 年。在法国，Ligne Roset 是与化妆品行业的兰蔻、服装行业的香奈儿齐名的经典品牌。目前，Ligne Roset 在中国多个城市设有门店。Ligne Roset 官网的产品中心与印刷版的产品手册是家具行业的典范。

图 5 – 1 所示为 Ligne Roset 2019 年产品手册。

一、产品介绍这样写更吸引人

为客户提供满意的产品和服务是一家公司生存与发展的根本。没有产品和服务，企业就无法生存。有了产品和服务，要想

图 5－1 Ligne Roset 2019 年产品手册

让客户及时了解产品和服务，就应该有产品介绍。可以说，产品介绍是公司专项介绍中极其重要的一种。

产品介绍的形式很多，其中较为传统的是印在纸上的单页、折页或手册，总之以印刷品为主，通过现场分发或邮寄等方式进行宣传。比如，超市的商品促销海报和图册、展会上参展厂商发放的产品样册、某行业领域的商情资料等。随着移动互联网的发展，电子版的产品介绍越来越流行，形式也更加灵活多样，传播更为快捷。网上的商品展示非常人性化，不但方便搜索查询，而且方便在线购买。

海福乐是世界知名的五金品牌，于1923年创办于德国，主要产品包括家具五金、建筑五金和电子门禁系统三大类。该公司历来重视产品手册，常备的十万余种五金产品大多编入了*The Complete Hafele*（《海福乐五金大全》），该手册曾获得“德国最佳产品目录”称号，在欧美等地被誉为“行业圣经”，被家具、建筑和室内设计人员广泛参考。为了方便查阅，海福乐中文产品手册根据中国国情，精选了部分产品，样品图片、技术规格和安装图一目了然。该手册被公布在海福乐（中国）公司官网上，供人们随时在线浏览，平板电脑和智能手机用户还可以在设备上下载产品手册。

在这家公司官网公布的公司历程中，也将于2007年发行的第一本中文产品手册写进了公司发展大事记。2020年，《海福乐大全——家具五金》发行，海福乐第一次将建筑五金和家具五金单独分册，这是公司发展的一个里程碑事件，海福乐给予了宣传报道。

产品介绍的内容包括哪些呢？

1. 公司简介

因为产品是由公司研发、生产、销售的，所以产品手册中应该包括公司简介。公司简介通常安排在产品手册的第一部分，字数为一两千字，内容包括公司基本概况（公司名称、定位、创办时间、总部地点、主要历程）、主营业务、优势（产品、技术、制造、市场）、所获荣誉、企业文化、未来展望等。

产品手册上的公司简介可以与公司官网上的完全一样，也可以进行适当调整，只要突出与产品密切相关的内容即可。

2. 品牌历程

产品介绍的第二部分通常是品牌历程。品牌历程与公司历程具有相关性，但是侧重点不同。品牌历程主要围绕品牌的发展展开。对自身旗下有多个品牌的公司来说，品牌历程更是必不可少的。通常情况下，消费者不但关心产品的品质与价格，而且关心品牌历程，因为品牌历程是品牌的精神价值和内涵素养的自然积淀，决定着品牌的定位。品牌历程本质上是关于品牌发展的故事，讲好品牌故事，就是不断地为品牌赋能，不断提升品牌的市场价值和象征价值，确保品牌的生命活力。

在产品日益丰富、差异越来越小的市场环境下，品牌历程对产品背书是非常重要的。品牌历程可以拉近产品与消费者的距离，增强消费者对产品的情感认同，为产品推广提供信誉和价值保障。

比如，哈尔滨秋林食品公司是一家上百年的老字号品牌，它的品牌历程在公司官网、产品介绍手册、产品包装上都有提及。我第一次到哈尔滨旅游是在2012年春节期间，那也是我第一次接触俄罗斯风味食品——大列巴（面包）和格瓦斯啤酒。也是那一次，我参观了一个在哈尔滨算是标志建筑的索菲亚教堂举办的关于哈尔滨城市发展与俄罗斯关系的历程展，那时候我便在心中埋下去了解俄罗斯文化的种子。之后，2016年、2017年、2018年连续三年，每到8月份我都会开车去俄罗斯旅行，每次用时大约一个月。通过旅行，我对俄罗斯的地理和历史文化有了更鲜明且深刻的了解。可以说，如果没有那次哈尔滨之行，并通过秋林食品公司进一步了解了俄罗斯，可能就不会有后来的自驾旅行。

现在，我时而还会从网上购买哈尔滨秋林食品公司的大列巴和格瓦斯啤酒。秋林食品公司大列巴的包装袋很经典，其图文是按照品牌历程来设计的。具体来说，有秋林食品公司的简介、建筑图片、创始人的肖像、Logo、产品图片，就连包装袋的整体色调也是棕黄色（烤面包色）的。百年俄式传统风味、浓浓的异域风情，这就是秋林大列巴的卖点和吸引消费者的地方。由此可见，品牌历程对产品宣传具有十分重要的作用。

3. 产品图片及功能参数

2021年是宜家产品手册《家居指南》诞生70周年，为了纪念这一值得骄傲的数字，宜家官网称，将把 2021 年的《家居指南》打造成一本充满灵感和创意的家居手册，提供实惠的产品方案和实用的创意技巧，介绍丰富多样的全新产品和宜家经典产品。在这本指南中，你会遇到不少令人眼前一亮的惊喜灵感；它将成为你的实用工具书，值得你一次又一次地翻阅，帮助你打造更美好的家居生活。《家居指南》可以在官网下载或在线浏览，也可以在门店取阅。

在宜家产品手册中，每一款产品都有图片及功能参数说明，这是产品手册的标配。这些详细的产品说明为消费者选购产品提供了极大的便利，也使商家的经营和销售效率得到了极大的提升。

4. 产品的获奖情况

在产品介绍中，产品的获奖情况是必不可少的内容。有了这部分内容，相当于提供了第三方出具的产品质量权威背书。产品的获奖情况包括在科技、品质、美学等方面取得的优异成绩。国际国内知名的设计奖项包括德国的红点设计奖、iF 设计奖，中国的工业设计奖、红棉奖、红顶奖等。产品手册中涉及的获奖情况应当与公司综合介绍中涉及的获奖情况有所不同，产品手册中涉及的获奖情况仅限于与产品及技术有关的奖项。

5. 出版说明——制作团队

以法国知名的家具制造公司Ligne Roset的产品手册*COLLECTION 2019*为例，其最后一页的出版说明中列出了21个相关职务，分别是编辑出版、董事会主席、全球艺术总监、广告总监、平面设计、封面设计、报道平面设计、报道撰写、摄影师、照片设计、生产与实现、场所定位和布置、照片助理、报道照片、图片编辑、产品技术说明、导演、编辑、照相制版、照片合成、印刷。

由此可见，一本好的产品手册是专业团队通力合作的成果。一个国际知名的家具品牌对产品手册如此重视，可见一个成功的品牌背后有着怎样的付出。我们对待产品手册要像对待产品本身一样，精工细作，为产品销售提供更好的服务。

6. 免责说明

“此目录中的描述在其发布之日起生效，在不影响产品样册或产品在商店展出销售的情况下，本公司保留了修改其产品技术特性或尺寸的可能性，以便不断改进服务，出版物保留错误权限。”

这一部分文字虽然少，却体现了公司高度的法律意识，以及不断改进产品与服务的决心。该手册内容精美、考究，体现了该品牌家具的高端品质与艺术追求。

本案例说明，一本产品手册需要很多人付出努力，那么编写产品手册需要注意哪些事项呢？

从产品手册的形式来说，包括封面、前言、品牌说明、目录、品牌广告、产品说明等部分。

从产品手册的内容来说，封面标题应明确，即某品牌某年产品手册；内页包括产品详细介绍，包括产品名称、型号、功能、材质、尺寸、颜色、适用范围、注意事项等。

在公司官网或网上商城中，产品手册应以适合网页浏览的形式进行展示，从分类、查找、加入购物车、购买支付、发货、客服、发票、评价等方面，形成较为完备的流程。

由于产品手册自身印刷品的特性，可以拿在手中反复品读，设计应十分考究，文字应该精益求精，标点应该力求准确，印刷用纸和装订都应该与品牌形象相匹配。

相比而言，温州某锁业有限公司 2016 年的产品手册《绝对尊品，为你而享——2016 产品手册》介绍了 129 个系列，涉及上千个型号的门锁产品，但是其产品介绍手册的扉页（见图 5－2）中存在多个问题，现挑选几个主要的进行分析。

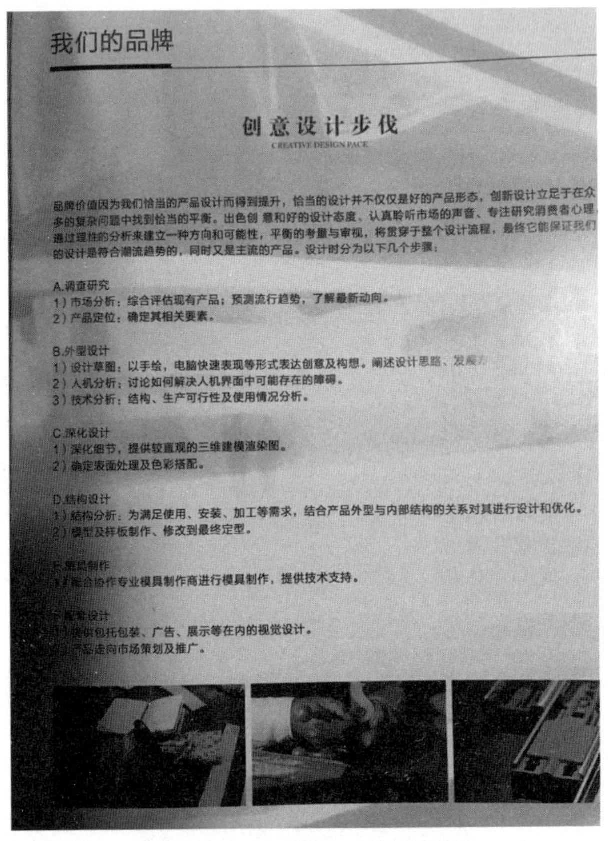

我们的品牌

创意设计步伐
CREATIVE DESIGN PACE

品牌价值因为我们恰当的产品设计而得到提升，恰当的设计并不仅仅是好的产品形态，创新设计立足于在众多的复杂问题中找到恰当的平衡。出色创 意和好的设计态度、认真聆听市场的声音、专注研究消费者心理，通过理性的分析来建立一种方向和可能性，平衡的考量与审视，将贯穿于整个设计流程，最终它能保证我们的设计是符合潮流趋势的，同时又是主流的产品。设计时分为以下几个步骤：

A.调查研究
1）市场分析：综合评估现有产品；预测流行趋势，了解最新动向。
2）产品定位：确定其相关要素。

B.外型设计
1）设计草图：以手绘，电脑快速表现等形式表达创意及构想。阐述设计思路、
2）人机分析：讨论如何解决人机界面中可能存在的障碍。
3）技术分析：结构、生产可行性及使用情况分析。

C.深化设计
1）深化细节，提供较直观的三维建模渲染图。
2）确定表面处理及色彩搭配。

D.结构设计
1）结构分析：为满足使用、安装、加工等需求，结合产品外型与内部结构的关系对其进行设计和优化。
2）模型及样板制作、修改到最终定型。

具制作
合协作专业模具制作商进行模具制作，提供技术支持。

设计
供包托包装、广告、展示等在内的视觉设计。
品走向市场策划及推广。

图5－2　某公司产品介绍手册的扉页

第一个问题是第一段有一个不应有的空格，这段文字可能是从PDF文件中复制或转化而来的，这个空格是原PDF文件中换行造成的。

第二个问题是创意设计步伐的序列号不应该首选英文字母，

而应该首选阿拉伯数字。因为本文介绍的是创意设计步伐，所以最好用阿拉伯数字来表示。

第三个问题是有两个错别字，“磨具制作”中的“磨”应为“模”，“包托”中的“托”应为“括”。出错的原因是文字没有认真校对，不然不可能出现这种错误。

第四个问题是 E 步骤下面只有一条，这种情况没有必要写序列号。

第五个问题是每个小的序列号不宜使用半括号。从美观和国人使用习惯之在没有使用双括号的情况下，不宜直接使用半括号，最好使用双括号。

综上所述，在一本产品手册中，如果仅扉页就存在多处明显的错误，则不得不让读者质疑整个手册的内容，甚至可能质疑这家公司产品的质量。

二、公司社会责任报告概述

1. 公司社会责任报告的重要性

在公司专项介绍中，社会责任报告是非常重要的，也是上市公司每年应该公开披露的报告。

由于各家公司的社会责任关系着它们的可持续发展，一些公司将社会责任报告称为可持续发展报告，如《顺丰控股2020年度可持续发展报告》。

《小米集团2019年环境和社会责任报告》的前言称："公司社会环境与社会责任报告，旨在客观、公允地反映小米集团于2019年在环境、社会及管治方面的表现。报告依据香港联合交易所上市规则附录二十七条WSG报告编写。"

除上市公司外，一些追求可持续发展的公司也在积极地编写社会责任报告，旨在对自身年度发展进行全面总结并对外披露，自觉接受社会监督。

各家公司通过社会责任报告向股东和公众报告自身在环境和社会责任方面的理念及作为，社会责任报告逐渐成为公司与外界沟通的常规渠道，能够更好地帮助公司树立良好的社会形象。

2. 公司社会责任报告的内容

根据《深圳证券交易所上市公司社会责任指引》，公司社会责任报告一般包括以下内容。

第一部分：公司社会责任理念、制度及执行。

第二部分：股东和债权人权益保护，包括股东和债权人权益保护、法人治理结构、信息披露管理、投资者关系管理工作、投资者关系活动渠道、提升投资者关系管理水平、维护全体股东的合法权益。

第三部分：职工权益保护，包括平等包容的职场环境、实行具有激励作用的动态职能等级薪酬体系、以人为本的员工福利、健全职工安全与健康管理体系、完善员工培训与职业发展。

第四部分：供应商、客户和消费者权益保护，帮助供应商提升社会责任水平、保护供应商的知识产权、公平竞争、产品质量与安全、反垄断、反贿赂、用户隐私保护等。

第五部分：环境保护责任，包括能源、原材料和包装材料的消耗量、水污染物的排放、固体废物的排放、废水废渣的综合利用、生物多样性与生态系统保护、温室气体管理等。

第六部分：社会责任，包括公共关系和社会公益事业，积极参加社会公益活动，支持社会各项慈善事业。

第七部分：公司社会责任的未来计划。

案例分享

《顺丰控股2020年度可持续发展报告》目录[①]

《顺丰控股2020年度可持续发展报告》的封面如图5－3所示。

图5－3 《顺丰控股2020年度可持续发展报告》的封面

① 案例来源：顺丰控股官网。

开篇部分

责任·担当

董事长致辞

关于本公司（公司概况、企业文化、获奖列表）

可持续发展目标进展

可持续发展绩效概览

章节一　丰·送合规稳健发展

专题：争当党建“先丰”

1.1　规范企业管治

1.2　可持续发展管理

1.2.1　可持续发展管理架构

1.2.2　利益相关方识别与沟通

1.2.3　重大性议题判定

1.3　内部控制与风险管理

1.3.1　风险管理体系

1.3.2　ESG风险管理

1.4　商业道德管理

1.4.1　廉洁管理体系

1.4.2　反腐败举措

章节二　丰·送浓浓人文关怀

专题：同心齐抗疫

2.1　员工发展与关爱

2.1.1　权益保障

2.1.2　招聘与晋升

2.1.3　培训与发展

2.1.4　健康与安全

2.2　社区投入与支持

2.2.1　赋能乡村振兴

2.2.2　热心公益慈善

章节三　丰·送绿色美好生活

专题：绿色每一公里

3.1　可持续运输

3.1.1　绿色运输

3.1.2　绿色转运

3.1.3　绿色办公

3.2　推动循环经济

3.2.1　绿色包装

3.3　应对气候变化

3.3.1　风险识别及评估

3.3.2　风险应对

章节四　丰·送创新智慧产业

专题：建设“一带一路”

4.1　产业创新

4.1.1　打造智慧物流

4.1.2　安全寄递与运输

4.2　客户服务优化

4.3　数据与网络安全

4.3.1　网络安全

4.3.2　数据与信息安全

4.4　供应商管理

4.4.1　供应商管理体系

4.4.2　合规廉洁采购

4.4.3　推动供应商履责

结尾

关于本报告

政策列表

案例分享

《温氏股份 2018 年度社会责任报告》目录

3. 社会责任报告的编写原则

根据香港联合交易所发布的《环境、社会及管治报告指引》，公司社会责任报告的编写应遵循以下四个原则。

（1）重要性。当有关环境、社会及管治事宜会对投资者及其他权益人产生重要影响时，发行人应当给予说明。环境、社会及管治事宜重要与否属个人判断，视有关实况及个别发行人的情况而定。发行人应明白，对不同的权益人来说，“重要性”可能有不同的意义。何谓重要的环境、社会及管治事宜，最后是由发行人根据主要权益人的意见决定的。

（2）量化。关键绩效指标应可以计量，如可以设定减少某些影响的目标，这样环境、社会及管治政策的效益可被评估及验证。量化资料应附带说明，阐述其目的及影响，并在适当的情况下提供比较数据。

（3）平衡。报告应不偏不倚地呈报公司的表现。

（4）一致性。公司应使用一致的披露统计方法，使环境、社会及管治数据日后可进行有意义的比较。

4. 社会责任报告的发布渠道

（1）社会责任报告可以在公司内部发布会上发布，也可以在公司官网发布。

（2）公开论坛，即在一些行业举办的论坛上发布。比如，中国工业经济联合会自2008年以来连续主办中国工业行业企业社会责任报告发布会，以促进大型工业企业履行社会责任，提升自身可持续发展能力。据该发布会的公开资料，2018年第十届发布会有106家发布社会责任报告的企业，覆盖电力、煤炭、钢铁、石油化工、通用及专用设备、交通运输设备、电子通信设备、食品饮料、医药等18个行业，涵盖70%的工业行业类别，此次发布会的报告数量创了新高，同时报告呈现出披露信息更加全面、品牌塑造功能更加完善、责任管理有所改进、关键议题更加务实、报告形式更加多样等特点。

（3）定向报送政府、行业组织、行业媒体或证券交易所指定的媒体等。①

三、企业文化介绍如何编写

我研究过很多企业文化手册，也担任过不少企业文化手册的主编，如山东华威保安集团企业文化手册（见图 5－4）、中国建筑第四工程局企业文化手册等，具有丰富的企业文化手册编写经验。

图 5－4　山东华威保安集团企业文化手册

① 案例来源：小米集团官网。

在公司专项介绍中，企业文化介绍是十分重要的。对公司的经营管理来说，企业文化建设可以起到内聚人心、外树品牌的重要作用。那么，企业文化介绍应如何编写呢？

1. 企业文化手册的内容

企业文化手册的内容包括公司简介、前言、公司发展历程、企业文化体系、企业文化故事等。

（1）公司简介。

公司简介是企业文化手册中必不可少的一部分，通常放在企业文化手册的开端，具有明确手册主体的作用。

（2）前言。

前言是对企业文化手册的编写与发布背景、目的、意义等的说明，其更深层的意义在于阐明企业文化形成、发展与强大的作用，也起着手册的导读作用。

前言通常由董事长亲自编写，当然也可以由企业文化手册编制项目组编写。前言的标题可以根据具体内容进行提炼。前言应注明作者，一般不能省略。我曾看到一家公司企业文化手册的前言是以董事长寄语的形式来表现的，但通篇读完，我根本没有看

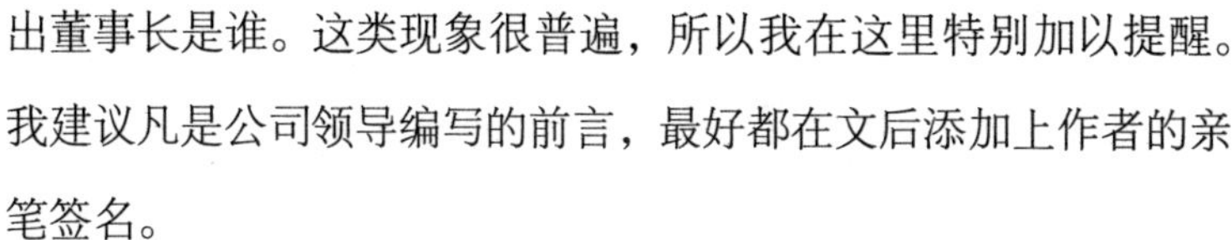
出董事长是谁。这类现象很普遍，所以我在这里特别加以提醒。我建议凡是公司领导编写的前言，最好都在文后添加上作者的亲笔签名。

（3）公司发展历程。

公司发展历程是企业文化手册的奠基部分，必不可少。没有公司发展历程，企业文化便是无源之水、无本之木。这部分内容要求扎实、有序。扎实是指大事、要事无遗漏；有序是指时间有序，排列不混乱。具体来说，公司发展历程既可以采取大事记的形式呈现，也可以采取阶段式总结的形式呈现。前者是将多个散点连成线，后者是将多条线段连成线，当然也可以同时采取两种形式，即代表性大事加阶段性总结。各家公司可以根据自身发展实际，选择适宜的方式。

（4）企业文化体系。

企业文化体系是企业文化手册的核心部分，具体包括理念体系、行为规范体系、形象识别体系三部分。

理念体系是以公司使命、愿景、价值观为核心的一套体系，如人才理念、发展理念、管理理念、市场理念、服务理念等，包括理念及其释义。高一层级和下一层级之间的理念是包含与被包含的关系，同一层级的理念是共享与互补关系。

什么是包含与被包含？

具体来说，包含与被包含既指高一层级的理念包含下一层级的理念内涵，也指高一层级的理念外延较大，下一层级的理念外延较小，但其内涵相对具体，可操作性和指导性较强。

什么是共享与互补？

共享是指同一层级的理念共同遵循高一层级的理念，各自又具有相对独立的业务操作流程，如人才理念和市场理念相对使命、愿景、价值观来说，是较低层级的理念，是同一层级的理念，但这两个理念的内涵与使命、愿景、价值观不尽相同，同时二者又是互相支持的关系。

行为规范体系是企业文化手册的重要组成部分。从三大核心理念到多个二级理念，再到行为规范，要清晰地反映企业文化核心理念在各层级、各系统、各岗位员工行为上落地的路径与方法。行为规范体系包括高层员工行为规范、中层员工行为规范、基层员工行为规范、职能服务类员工行为规范、生产制造类员工行为规范、技术研发类员工行为规范、市场营销类员工行为规范等。明确的行为规范对培养各级各类员工良好的行为习惯、树立良好的公司形象非常重要。

在企业文化手册中，形象识别体系应当包括在内。形象识别体系包括 Logo 与 Logo 应用两大部分。这是公司强化品牌认知、培育品牌忠诚度的有力手段。那么，一个 Logo 到底能够传达多少公司信息？能够承载多少客户的期待？在公司对内、对外介绍方面能起到多大的作用？举例来说，2021 年 3 月 30 日，小米在新产品发布会上发布了新 Logo，这一事件引起了业内外的广泛关注，一时成为热门话题。从综合设计师原研哉对新 Logo 图形与内涵的解读、雷军对新 Logo 的评价、部分人对新 Logo 的“吐槽”等可以看出，不管是商家还是消费者，都在乎品牌的Logo。可以说，Logo 是公司综合信息的高度浓缩，同时是公司无形资产的有形化。

一位拥有很多成功作品的资深设计师曾说，他在设计 Logo 之前，会花费大量的时间了解公司的历史、主要业务、企业文化、未来规划、领导风格、市场表现等，在具体设计图形时也会充分考虑点、线、字体、字号、间距，力求达到形、色、意完美结合。由于 Logo 在公司传播中出现频次高、应用广泛，代表着公司的形象，因此在企业文化手册中应进行系统介绍，让员工对 Logo 的设计原理有所了解，培养员工规范使用 Logo 的习惯。

（5）企业文化故事。

企业文化故事是企业文化手册中的案例部分。理念是抽象的，只有用真实、生动的故事去诠释抽象的理念，让理念故事化，才能使理念易于理解，被员工所接纳，因为故事具有真实性、生动性等特征，更容易打动人心、感染员工、提高士气。

在故事的选编过程中，还要特别注意故事内容的丰富性和故事人物的合理分布，以更好地塑造明星员工、标杆员工。通过这些员工的个人魅力，使企业文化与企业品牌人格化、具象化，产生更大的影响力。

2. 企业文化手册的价值

2019 年 11 月 11 日，在腾讯 21 周岁之际，其正式宣布了全面升级的腾讯文化 3.0 版本，展示了全新的使命、愿景和价值观。腾讯十分重视自身文化建设，2003 年正式发布了腾讯文化 1.0 版本，并将其作为最重要的产品之一，同时不断对腾讯文化进行优化。从 1.0 版本到 3.0 版本，是腾讯文化自觉进化的过程。

腾讯文化 2.0 版本的愿景是“最受尊敬的互联网企业”，使命是“通过互联网服务提升人类生活品质”，价值观是“正直、进取、合作、创新”，经营理念是“一切以用户价值为依归”，管理理念是“关心员工成长”。在3.0版本中，腾讯的使命与愿景合二为一：“用户为本，科技向善。”腾讯对这一使命和愿景的具体释义为：“一切以用户价值为依归，将社会责任融入产品与服务之中，推动科技创新与文化传承，助力各行各业升级，促进社会的可持续发展。”这一新的使命和愿景，比2.0版本的更具有召唤力和方向性。

2020年年底，腾讯文化推出年度特刊《三观》，以年为单位，记录腾讯的成长与变化。在这本特刊中，腾讯观世界、观人生、观价值、观腾讯与世界的关系……在这一过程中，腾讯文化3.0版本又在前所未有的市场环境下接受前所未有的挑战。

新冠肺炎疫情、数字化……2020年对人类来说是那么特殊，对腾讯来说正是接受技术、产品、文化考验的一个关键年份。2020年，腾讯在艰难中成长了，腾讯文化也在成长中散发出了耀眼的光芒。腾讯的《三观》虽然是2020年公司的年度特刊，但从内容来看，其堪称腾讯的2020年度企业文化手册，它的作用是通过一年的发展，用大量的实际进步与业绩，深度解析腾讯企业文化的内涵，让企业文化深入人心，激励员工努力奋斗。

的确，大多行业的头部企业都非常重视企业文化的升级，它们在企业文化建设方面投入了大量的精力和财力，自然收获了行业领先的企业文化成果。作为企业文化成果集成的企业文化手册，不仅是公司经营管理的根本性指导文件，更是行业文化的风向标。有些公司将企业文化手册当作精美的礼品广为赠送，以实现企业文化的对外输出，企业文化手册因此成为公司品牌传播的利器。

四、项目介绍如何编写

很多公司经常接触一些项目申报类文件，如当收到参评某个奖项的邀请或者申报政府的某项政策扶持资金时都需要编写项目介绍。项目介绍不但可以为公司争取到社会资源，而且是公司对外宣传的良好途径。那么，项目介绍应如何编写呢？具体来说，项目介绍主要包括以下内容。

第一部分：公司简介。公司简介是项目介绍的第一部分，它展示的是本项目所属公司的概况。

第二部分：项目概况。陈述项目的基本情况，包括项目的发起时间、实施进度、实施效果、未来规划等。

第三部分：项目优势。在基本概况的基础上，重点陈述项目的特色、主要效益、用户评价、第三方评价等。由于公司的项目类型很多，在编写项目介绍时应根据实际情况，找准要点和亮点，进行深化介绍。

此外，编写者要采取多种媒介相融合的介绍方式，在编写好文字版的项目介绍后，还要制作好 PPT 文件。在 PPT 文件中，应插入相应的图、表、视频等，这样才能将一个好的项目介绍详尽。否则，在众多的申报项目中，一个好的项目如果没有很好的介绍方式也很难胜出。

第六章

打造公司介绍的好声音

声音可以为画面注入灵魂，可以让画面复活

公司宣传片、广告片中的声音具有直击人心的感染力

我们可以用声音塑造公司形象，赋予公司形象人格化的魅力

在公司介绍体系中，音频是与文字、图片、视频并存的四大形式之一。

要想让公司介绍出彩，离不开公司介绍声音体系的打造。声音在数字传播中具有占据内存小、传输速度快、传播成本低三大优点，音频版公司介绍既可以单独使用，也可以作为辅助，与文字、图片、视频一起使用。

那么，我们应如何打造公司介绍的好声音呢？

一、为公司介绍配备专业的好声音

众所周知，一些品牌会请明星代言，这起到了品牌塑造和推广作用，这是视觉形象的需要。同样，品牌的塑造也需要独特的声音形象。比如，形象宣传片、广告片、专题片等，在剪辑后期需要进行配音合成才能达到预期的效果。一位资深的配音导演说，只有画面而没有声音的宣传片看起来毫无活力。优秀的配音可以为公司的宣传片注入灵魂，让宣传片真正活起来，产生巨大的感染力。

如何判断一部宣传片配音的质量优劣？第一，听配音的气质与宣传片的风格是否一致；第二，听配音的节奏与画面的推进是否一致；第三，听配音的吐字、气息和情绪控制是否专业。如果这三方面的答案都是肯定的，声音便可以起到解释画面、烘托画面，使画面尽显活力的作用。

如何才能让公司宣传片拥有优秀的配音？很多大公司通常选择与专业的配音机构合作，请专业的配音机构完成配音这个环节。因为专业的配音机构有很多配音员和专业的配音导演，他们通过大量的配音服务项目积累了丰富的经验，可以准确地把握公司各类宣传片对配音的要求。专业的配音机构可以在很短的时间内完成多人次试音，各公司可以快速选出自身需要的配音员。

我是一个对声音工作十分感兴趣的人，并且于 2019 年参加了国内知名的配音机构周腔扬调（北京）文化传媒有限公司举办的全媒体有声语言艺术融合创新能力提高班，因此有机会接触配音行业（见图 6 - 1）。结业后，在老师创建的微信群里，经常看到大家分享的配音知识和配音领域的最新动态，还有各种配音工作信息，老师也时常让大家试音，给大家提供一些配音工作，还会分享一些优秀的配音作品。总体来说，围绕公司需要的配音

图 6－1　作者在周腔扬调有声语言融创班结业仪式上与周扬、张斌合影

已经形成比较成熟的市场，有产品广告配音、宣传片配音、专题片配音、智能化客户平台配音等，工作机会呈快速增长的趋势。同时，市场对配音员配音水平的要求也越来越高，要求配音员既有过硬的基本功，又有较高的文化素养，能够准确领悟公司宣传的风格与诉求，站在公司的角度，面向特定的受众，发出能够展示公司美好形象的声音。

二、打造专职客服与讲解员的好声音

众所周知，现在许多大型公司（如银行、保险、互联网平台等）都成立了规模可观的客服中心，以在线解答客户的来电咨询。公司的客服中心是典型的用声音服务客户的部门，无论是机器人值守还是人工值守，客户都可以通过声音来评判服务质量。座席员主要接听客户的来电，他们需要非常熟悉业务内容，还要掌握本岗位的规范话术，从而让客户获得良好的服务体验。

随着科技的发展，现今我们可以把公司介绍的文字一键转化成声音。为了进行更好地推广，制作音频版公司介绍也是很有必要的。比如，在正泰公司介绍的云端展览（见图6－2）中，采用人工智能解说，鼠标点到哪里，哪里就会进行有声讲解。这是提前录制好的声音，随着鼠标的点击进行播放。为了让公司的云端展览更人格化与具有亲和力，在前期采音时要尽量严谨。

另外，在公司介绍的声音系统中，公司展厅和展会现场的讲解员也是公司好声音的发声人。因此，对讲解员的招聘应当设置严格的条件，当他们入职后还要对他们进行系统培训，这样他们才能真正做好讲解工作，让公司介绍通过讲解员的声音收获更好的效果。

三、企业家的语言魅力让公司品牌发光

在2021年4月23日世界读书日，好友赵剑萍推送了一段禾丰牧业的视频，内容是禾丰牧业董事长金卫东在行业论坛上的演讲。他的演讲题目是《从洛克菲勒到埃隆·马斯克——企业家的

图6-2　正泰公司介绍的云端展览

社会角色与历史进化》。我看了两遍这段视频，并与赵剑萍进行了交流，她说这段视频是演讲人亲自推送给她的。2017年，在京津冀饲料百强峰会上我采访了金卫东（见图6-3），他是农牧饲料行业公认的口才型企业家，在行业的一些大型活动中，组织方都会力邀他做重磅演讲。他的演讲主题明确、内容丰富、观点鲜明、风格诙谐又不失庄重，总能发人深省并给人力量。也是在那次采访时，他送给我一本《金声玉振——2016 年金卫东谐趣演讲集》。金卫东喜欢读书和思考，喜欢把自己想到的写下来，喜欢将自己的想法与更多的人分享。他的演讲之所以吸引人，现场听众感觉收获大，仿佛被他带着进行了一场深度思考，是因为他有责任感，每次收到邀请后都会认真准备，写演讲稿，做PPT，现场还要灵活应变，以良好的状态完成演讲。从他的身上，我看到了一个有责任有担当的企业家的努力精进与自强自律。

图 6-3　笔者在 2017 年京津冀饲料百强峰会上采访禾丰牧业董事长金卫东

也有人说喜欢公开演讲的企业家太高调，其实他们在以身作则，为公司品牌注入自己的精神。这样的企业家很多，如福耀董事长曹德旺、格力董事长董明珠、小米董事长雷军、新东方董事长俞敏洪、正泰董事长南存辉等，他们的演讲、谈话类视频被广为关注，他们的言论、观点也为公司品牌的塑造与传播贡献了不可估计的流量。他们是既会干又会说的企业家代表。一家公司有这样的掌门人，既是公司之幸，也是品牌之幸。

其实，这些企业家并非一开始就具有出色的口才，他们也是意识到演讲与表达的重要性之后，通过刻苦训练获得的。比如，酒店业的山东蓝海集团党委书记安英，在抖音上拥有众多粉丝，她在许多场合的脱稿演讲耐人寻味、令人信服，无论是演讲内容还是个人风采，都给受众以智慧启迪与美的享受。顺理成章，她推荐的美国作家简·耶格尔撰写的《生活处处要演讲：如何让你的表达更有影响力》销量大增。

企业家既是公司的掌门人，又是公司的活名片。近年来，我发现越来越多的企业家都在自觉进行语言表达能力的自我修炼，从思维逻辑、发音吐字、节奏控制、个人仪表等方面有意识地学习、提高，力求为公司品牌传播注入更多企业家的声音。这种更具温度、更个性化的声音会增强品牌的影响力。很多企业家的声音具有极高的辨识度，他们拥有大量的粉丝，大众喜欢听他们谈话，不管是谈个人的成长经验还是思想观点，大众都被他们的语言魅力所折服。

第七章

做好公司的视频类介绍

因为一段精心制作的视频，综合了文字、图片、音频和视频四大形式的优势，所以深受人们欢迎在公司介绍体系中，视频介绍是不可或缺的。相比而言，在公司介绍的多种形式中，视频比单纯的文字、图片、音频更加直观，更加引人注意。因为一支精心制作的视频，综合了文字、图片、音频和视频四大形式的优势，所以深受人们欢迎。

随着5G时代的到来，视频越来越受欢迎，形成了全民观看短视频的浪潮。由于视频的直观感非常强，视觉冲击力远比单纯的文字、图片、音频更强，采用短视频的形式介绍公司成为品牌扩大宣传的突破点。

自2021年起，很多公司开始尝试进行直播招聘，主要录制招聘短视频，再将制作好的短视频发布在公司的视频号上进行招聘。比如，2021年4月27日，位于广东东莞的长信科技德普特电子公司在其视频号上发布了一支标题为《长信德普特涨薪了》的招聘短视频，这支短视频令人耳目一新。视频中，两位招聘专员亲自出镜，介绍自5月1日起公司涨薪后的薪资水平。在视频中可以看到厂区环境、员工的生活环境等，充分展现了公司的实力。而前一天（4月26日），该公司的微信公众号上发布了相同标题的招聘广告，这则招聘广告以文字和图片介绍为主，详细地介绍了招聘岗位、薪资水平、员工福利等信息，还配有多张记录员工工作和团队活动的照片。这两则招聘广告优势互补、互相配合，共同为公司招贤纳才做了宣传。类似这种应时应景的短视频，部门内部即可完成策划、拍摄和后期制作。这种成本低、效果好的短平快视频宣传，应成为公司介绍体系的新生力量。

随着视频时代的到来，公司的宣传片也丰富起来了。海尔公司为了宣传公司的人才理念“人人都是CEO”，专门制作了一支视频。该视频发布在海尔的官网“加入我们”栏目。视频的推文如下：“海尔作为一家物联网生态企业，致力于让每个人实现自己的最大价值，给予员工充分的自主决策权和自我发展舞台，让每个人都是自己的CEO。我们欢迎每一个对物联网充满期待的人，每一个拥有创客精神的人，每一个想要创造未来的人，加入海尔生态圈，让未来属于你自己。”

比较公司介绍的四大表现形式（文字、图片、音频、视频），从制作成本上来说，视频制作的工种最多，制作最复杂、最具综合性，其融合了文字、图片、音频、动画等多种形式，制作周期长，制作成本高。

在媒体数字化传播日益进步的条件下，在视频媒体平台越来越成熟的环境下，各个细分领域、细分主题的公司介绍应运而生，公司介绍的视频类内容越分越细、越来越多。

可以说，视频介绍是所有公司介绍的升级版，同行之间的竞争将聚集在视频方面。我们有理由相信，一个好的公司介绍视频可能达到几百万、几千万次的观看量级。

下面，按照视频制作的先后顺序简要介绍如何制作公司介绍的视频宣传片。

一、脚本撰写

脚本是视频拍摄的基础，公司介绍视频制作应从撰写脚本开始。在撰写脚本时，执笔者的头脑里应始终装着以下五个问题：本支视频宣传的主题是什么？面向的人群是谁？在哪里播出？预期达到什么效果？整支视频展开的逻辑是什么？

以公司宣传片为例，视频的主题一般应是展示公司的综合实力和良好的品牌形象；面向的人群是外部客户与社会大众，当然也包括公司员工；主要在公司官网及一些视频平台播出；整支视频的展开逻辑与公司简介大致相同，只是应适当增加一些讲述故事的内容。一般来说，公司视频宣传片的脚本文字不超过 2000

字，片长控制在10分钟以内，在达到预期效果的前提下，越短越好。

在动笔前，执笔者应系统研究公司已有的各类介绍资料，包括公司简介、公司宣传手册、公司以往的宣传片、公司的内部报刊等。在动笔时，每一句文字的表达在脑海里都要有对应的画面，包括一些特效、创意，力求把公司最强的实力与突出的亮点挖掘出来、展示出来。

当脚本完成后，还要进一步将其细化为分镜脚本，分镜脚本可以用表格表现，以便拍摄时进行严格的现场控制。分镜表的基本项目包括镜号、景别、运镜、时长、画面内容、旁白、音效等，如表7－1所示。

表7－1　某公司介绍视频拍摄分镜表

镜号	景别	运镜	时长	画面内容	旁白	音效
1	远景	定	3秒	生产线全景	—	—
2	特写	拉远至全景	5秒	公司Logo	司歌	—
3	中景	定	4秒	机器人操作	—	环境音

当分镜脚本定稿后，就可以进入拍摄阶段了。

二、素材拍摄

当拍摄团队接到分镜脚本后，编导、摄影、灯光、道具相关人员开始研究具体的拍摄方案。在进入现场拍摄时，还要根据现场的具体情况，灵活处理，针对具体的拍摄对象，认真研究怎样才能拍摄出优质的视频，做好远景、中景和近景等展示。

远景是把拍摄的主体放在大背景中，其主要用于拍摄公司的占地面积、厂房等体现规模的场景，以更好地说明公司的实力。全景比远景更近一点，把人物的身体整个展示在画面里，用来表现人物的全身动作或者人物和人物之间的关系。比如，多人会议场景、商务洽谈、项目管理现场等画面都适合全景拍摄。中景是指拍摄人物的膝盖至头顶的部分，中景拍摄有利于表现人物的动作和神态。近景是拍摄人物胸部至头顶的部分，近景拍摄有利于表现人物的面部表情，刻画一些细节，如人物谈话的画面。特写是对拍摄对象局部细节进行拍摄，如产品的工艺细节、研发人员专注的表情等。

工作人员要提前做好分镜，对拍摄场景进行透彻的分析，编导还要根据拍摄现场的实际情况，把最新想法补充到分镜脚本中，以便后期剪辑时参考。

三、剪辑包装

剪辑师接到拍摄素材后，首先要对素材进行转码、整理，创建标准的文件夹，将素材进行分类管理，以便在剪辑使用素材时一目了然，需要团队合作时也能高效配合。

接下来，剪辑师应按照分镜拍摄脚本进行素材的粗剪。粗剪的具体任务是将拍摄好的大量素材，进行大致的浏览、挑选、分解、组接，使可用的素材初步衔接成完整、流畅的画面。在粗剪之后，再与编导沟通，确定下一步精剪的思路。精剪阶段的具体任务是在粗剪的基础上进行修改、调色、字幕制作、动画制作、声画同步、特效包装、配音合成等。

总之，公司介绍的视频宣传片是综合了文字、图片、音频、视频四大形式的介绍载体。其制作流程复杂、涉及的岗位人员多、成本高，但宣传效果极好。

其实，除公司宣传片外，与公司介绍有关的视频还包括产品营销视频、在线教育视频、公司招聘视频、项目推介视频等，可以说，只要是公司经营所需，任何公司介绍都可以做成视频。

因此，对从事公司企业文化和品牌传播、市场营销、职能管理的人员来说，要想在职业上获得良好的发展，应打通文字、图片、音频、视频的边界，努力成为具有综合技能的人才。

四、传播分发

抖音是一个帮助用户表达自我、记录美好生活的短视频平台。截至 2020 年 8 月，抖音平台日活跃用户超过 6 亿人，并继续保持高速增长。

2021 年 3 月，北京字节跳动科技有限公司成立 9 周年。9 年来，该公司上线了今日头条、抖音、西瓜视频、懂车帝、皮皮虾、飞书、番茄小说、Faceu 激萌、轻颜相机等产品。2020 年，字节跳动收入比 2019 年增长了一倍多，达到了近 370 亿美元。2021 年 4 月，字节跳动宣布发力兴趣电商，计划未来一年帮助 100 个商家年销售额破亿元，10 000 个优质达人年销售额破千万元，100 款优质商品年销售额破亿元。字节跳动相关负责人表示，兴趣电商对整个电商生态具有很大的价值，会有越来越多的从业者转向兴趣电商。他提到，对消费者而言，兴趣电商能满足其潜在的购物需求，帮助其发掘新的商品或服务，进而提升其生活品质；对商家而言，从事兴趣电商能更精准地找到自己的消费者，而消费者被激发出的消费需求会带来更大的市场和更多的机会。依托全新的增长和获客机会，抖音电商借助兴趣电商优势，实践社会价值，持续助力乡村振兴和传统工艺的传承及保护。字节跳动相关负责人称，字节跳动发力兴趣电商基于三个原因。其一，短视频和直播的普及让商品展示变得更生动、直观，大幅降低了消费者的决策门槛；其二，随着推介技术越来越成熟，基于个体兴趣的个性化推荐成为市场标配；其三，平台内涌现大量优秀的短视频和直播创作者，使得更多优质商品可以通过更好的内容形态展示，商家也有了更多的机会通过创作者触达其粉丝。

2020 年，共有 110 位市长、县长通过抖音电商“县长来直播”活动带货，把各地农特产推广到全国大市场。截至 2020 年 7 月，“县长来直播”活动的销售额高达 1. 23 亿元，其中有 6819 万元销售额来自国家级贫困县。油纸伞、陶器、甲胄等原本传统、小众的工艺品也通过抖音电商拓宽了销路，找到了自己的消费群体。在淘宝、京东、抖音等电商平台上，销售达人都在向直播销售发力，与此相应，各种直播带货培训逐渐兴起。

很多公司创建了品牌的微博、抖音账号，目的是更方便地发布公司的视频介绍。比如，2021 年 2 月 21 日，匡威中国官方微博称：“就像世上没有一样的花朵，每位女性都不该被既定风格所限制。”匡威集结女性力量，携手四位 All Stars 女生（新锐服装设计师周睿、来自新疆的摄影师马海伦、行为艺术家蝴蝶公主、数字艺术家马鸣）以花为灵感，用她们独特的视角来表达、打破、改变外界对花与女性的固有解读，鼓励每一位女性发现和展露自己独特的美，演绎产品的风格与美。这组视频的主题为“固有风格，由她打破”。视频在匡威中国官方微博推出后，短短几天，每支视频的观看量都达到了近80万次，为产品的销售起到了很好的推介作用。与名人合作，并以视频的形式进行推广，是电商时代宣传公司的主流方式。

为了拓展终端消费市场，2018年1月16日（春节前夕）温氏食品《守味人》视频在其官网及其他平台发布。这支视频以“年味”为主题，围绕一道红烧肉，讲述了一个梦想与亲情冲突的故事。其用充满温情的方式，向消费者传递了温氏食品多年来坚持不懈地践行“民食为天，食唯安鲜”的产品理念，守护消费者的每一餐、每一食。需要指出的是，这个故事的原型是温氏食品的一位养殖技术员，这支在真实故事的基础上改编的视频，引起了广大员工的共鸣，也为消费者的新年注入了特别的味道，温氏食品“用心守护从农场到餐桌的每一步”的形象也深入消费者的心中，获得了消费者的认同。温氏食品《守味人》宣传画如图7-1所示。

图7-1　温氏食品《守味人》宣传画

第八章

公司介绍中标点符号的用法及常见错误

文章没有标点符号，就如同人没有呼吸

每个标点符号都具有独特的意义，如果使用错了，就会影响文字表达，甚至误导文字表达

《标点符号用法》是通用的国家指导性标准，如果我们对标点符号的使用一知半解，就会错误频出

只有认真对比正误，分析错误，才能真正领会《标点符号用法》的合理性与权威性，防止错误再次出现

面对五花八门的错误，我们应进行一对一的分析，由点到面、由此及彼，真正把标点符号的用法学精学透

标点符号分为点号与标号。根据最新的国家指导性标准《标点符号用法》，常用的标点符号共 17 种。其中，点号 7 种，包括 3 种句末点号（句号、问号、叹号）和 4 种句内点号（逗号、顿号、分号、冒号）；标号 10 种（引号、括号、破折号、省略号、着重号、连接号、间隔号、书名号、专名号、分隔号）。引号的形式有双引号和单引号两种，书名号的形式有双书名号和单书名号两种。

公司介绍的执笔者和责任审定人员应认真学习《标点符号用法》，准确掌握这 17 种标点符号的用法。更重要的是，相关人员不仅要掌握各种标点符号的用法，还要理解为什么这样使用。只有“知其然，更知其所以然”，才能真正理解标点符号在文字表达中的作用，避免标点符号使用错误。

本章主要结合公司介绍中常见的标点符号使用错例，有针对性地加以分析、纠正，使大家在具体编写公司介绍时既能规范使用标点符号，又能灵活处理标点符号使用中的一些特殊情况，使公司介绍的表达更加专业、流畅。

那么，公司介绍中常见的标点符号使用错误有哪些呢?

一、点号的用法及常见错误

1. 一逗到底，语句过长

在公司介绍中，标点符号使用常见的错误之一是该使用句号的时候没有使用句号，而误用逗号，从而导致语句过长，语言层次混乱。这种一大段文字“一逗到底”的情况给人们阅读带来了很大的困扰，不符合公司介绍简洁明了的要求。

因此，在公司介绍这种文体中，要尽量做到：多用单句，少用复句；多用短句，少用长句；语言表达简洁明了。

通过对“一逗到底”式语句出错原因进行分析，我发现一些错误表面上看起来是标点符号使用错误，实际上是表达混乱造成的。因此，要对“一逗到底”式句子进行修改，仅修改标点符号还不能解决问题，还要对文字进行相应的修改，这样才能使文字表达规范、准确。

示例

修改前：

某某公司创建于1989年，2011年改制成立某某控股有限公司，下设11家子公司，现有员工3000人，占地面积95万平方米，总资产148亿元，是“中国好粮油”、中国大豆精深加工循环经济标准及中国果葡糖浆标准等国家标准的制定者之一，2019年实现销售收入290亿元，利润和税收10.88亿元，位列全国农业产业化龙头企业500强第19位、全国农产品加工业100强企业第21位、中国轻工业百强企业第27位。

修改后：

某某公司创建于1989年，2011年改制成立某某控股有限公司。该公司下设11家子公司，现有员工3000人，占地面积95万平方米，总资产148亿元。该公司是“中国好粮油”、中国大豆精深加工循环经济标准及中国果葡糖浆标准等国家标准的制定者之一。该公司2019年实现销售收入290亿元，利润和税收10.88亿元，位列全国农业产业化龙头企业500强第19位、全国农产品加工业100强企业第21位、中国轻工业百强企业第27位。

【修改说明】

阅读原文，我们不难发现这段介绍文字是将该公司的主要历程、现有规模、技术实力、行业地位四个方面用一句话来表述，句子很长，阅读起来感觉信息庞杂，令人费解。

修改时，我们应按照同类信息单独成句的原则，把一个长句划分成四个短句。同时，为了使各个句子相对完整，在缺少主语的句子开头补充了主语。因为标点符号的作用是辅助文字表达，在修改标点符号错误的同时，仍然需要对文字进行适当的修改。

据我修改几百份公司介绍手册的经验，有些问题初看只是标点符号使用不当，但实际修改时才发现，标点符号使用错误的根本原因是执笔者对公司介绍的文字组织逻辑不够清晰。因此，在审核公司介绍时，我们往往需要将标点和文字放在一起考虑，使文字和标点相匹配。

2. 多层并列关系中的点号用法

在公司介绍中，公司多重性质的描述、丰富的产品及服务介绍、重要事件的罗列，十分容易出现顿号、逗号层层嵌套的现象，如果使用不当，则很容易使文意表达混乱。

根据《标点符号用法》的规定，顿号表示语段中并列词语之间或某些序次语之后的停顿。如果并列词语中还有并列词语，那么大的并列词语之间应该用逗号，小的并列词语之间应该用顿号。顿号表示的停顿比逗号短。这一点，我们在默读或朗读时，就可以体会出来。如果一个句子中涉及三层并列关系，那么第一层并列关系使用分号，第二层并列关系使用逗号，第三层并列关系使用顿号。不过，在公司介绍中，并不提倡多层并列，因为即便标点符号使用正确，也会因为并列层级过多而阅读不便。

示例

修改前：

某公司积极应用生物高新技术制备饲料调味剂，取得丰硕成果。参与了饲料调味剂行业三项国家标准的编写工作，主编了饲料调味剂研究应用专著《实用饲料调味剂学》，2014 年公司技术中心被认定为“四川省企业技术中心”。建立了四川省生态动物试验场、成都市动物采食调控院士专家工作站、四川省动物采食调控工程技术研究中心、成都市动物采食调控工程技术研究中心、成都市味之世界科普基地等科研科普机构。

修改后：

某公司积极应用生物高新技术制备饲料调味剂，取得丰硕成果：参与了饲料调味剂行业三项国家标准的编写工作；主编了饲料调味剂研究应用专著《实用饲料调味剂学》；公司技术中心被认定为“四川省企业技术中心（2014年）”；建立了四川省生态动物试验场、成都市动物采食调控院士专家工作站、四川省动物采食调控工程技术研究中心、成都市动物采食调控工程技术研究中心、成都市味之世界科普基地等科研科普机构。

【修改说明】

阅读原文，我们不难发现这段文字是在介绍某公司取得的丰硕科研成果。此外，我们可以看到“成果”后面的文字内容可以理解为并列的四项工作成果。前三项工作成果表述简单，均为省略了主语的句子；第四项工作成果表述也是一个省略了主语的句子，不同的是这个句子的宾语是并列的五个机构名称，因而使用顿号，表示同级别词语之间的停顿。

在示例中，有四项并列的工作成果，既然是用四个并列的句子来表达的，就应当使用分号。为了更好地体现成果的丰硕性，“取得丰硕成果”后面不应用句号，而应用冒号，表示引起下文的四项工作成果。

二、标号的用法及常见错误

标号的作用是标明，主要标示某些成分（主要是词语）的特定性质和作用。公司介绍中常用的标号包括括号、引号、书名号等。

1. 括号的用法及常见错误

括号一是表示包含，二是注解说明。在公司介绍中，存在不少对括号错用的情况，导致文不达意。比如，很多大公司都有分公司和子公司，并且在公司介绍中也会提及。

示例

修改前：

某某集团有限公司被评为“中国饲料行业十大领军企业”，有30余家饲料分（子）公司。

修改后：

某某集团有限公司被评为“中国饲料行业十大领军企业”，有30余家饲料子公司。

【修改说明】

该示例中“分（子）公司”这样的表述是错误的。为什么？原因是这里的括号有包含之意，而实际上分公司是分公司，子公司是子公司，分公司并不包含子公司。分公司不具备独立的法人资格，而子公司具备独立的法人资格，某某集团有限公司在统计分支单位时不能将它们视为一体，否则会让读者感到困惑。

在修改时，若把“分（子）公司”改成“子公司”，意思指某某集团有限公司投资了30家具有独立法人资格的公司。如果编写者或修改者确切地知道该集团有多少家子公司、多少家分公司，那么应当分项表述，不可混为一谈。不过，对某某集团有限公司来说，有多少家分公司，没有必要在公司介绍中体现。

示例

修改前：

某某公司位于天津宁河经济开发区（津芦南线9号）。

修改后：

第一种改法：某某公司位于天津宁河经济开发区津芦南线9号。

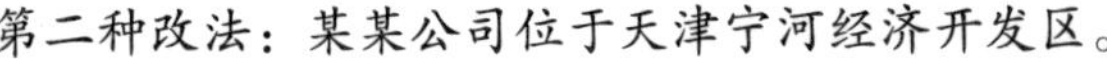

第二种改法：某某公司位于天津宁河经济开发区。

【修改说明】

第一种改法删掉了“津芦南线9号”外面的括号。因为我明确知道该公司的准确地址是津芦南线9号。原来的表述带有括号，意思是该公司的地址“天津宁河经济开发区”位于津芦南线9号，与实际情况不符。

第二种改法删掉了括号及括号内的文字（具体的街道与门牌号码），这样公司的地址就变得不那么具体了。公司介绍的概述部分只体现公司所属的区，具体联系方式（详细地址、邮编、电话、邮箱等）放在最后一段即可。

总之，在公司介绍中，括号不能随意使用，因为用不用括号，用在什么位置，表达的语意大不相同。

在公司名称中，括号的用法有两点需要注意。

第一，当公司名称中用括号标示公司性质、注册所在地等时，不能随意删除。我时常看到一些公司介绍中随意删除了公司名称中的括号，还有的将括号中的地名随意挪动位置，这样的情况不少，所以在这里特别强调一下。

示例

上海中锐教育投资（集团）有限公司

景旺电子（深圳）有限公司

以上两个例子中的括号必不可少。因为只有与营业执照中的公司名称完全一致，才是规范的。在实际工作中，为了表述和阅读方便，可以使用简称，但应是公司官方规定的，既不能随便使用简称，也不能有多个简称，否则会影响公司的形象。

第二，在必须加括号时，输入括号时要使用全角格式，占一个字符，不能使用半角格式，否则排版不协调，会直接影响版式的整体美观度。

当公司名称第一次出现时，应该使用全称。为了阅读方便，在第一次出现全称时，后面应紧跟括号，括号里注明公司的通用简称。为了表示和强调简称的唯一性，可以对简称使用引号。

示例

修改前：

福耀集团（全称福耀玻璃工业集团股份有限公司）1987 年成立于中国福州。

修改后：

福耀玻璃工业集团股份有限公司（以下简称“福耀集团”）1987 年成立于中国福州。

2. 引号的用法及常见错误

一般来讲，在公司介绍中，引号的作用主要是标示直接引用的部分、标示具有特殊含义而需要特别指出的成分、标示需要着重论述或强调的内容。

在公司介绍中，引号的使用频率特别高，也特别容易出错。有的公司介绍中把所获荣誉称号、特许资质、特设机构、产品品牌等都用引号引起来。在我看来，有些有必要，有些没有必要，只要不存在歧义，编写者应当根据实际情况，按照标点符号从简的原则来使用，避免引号滥用。

公司介绍中常见的错误是，对并列的众多荣誉和资质，有的使用引号，有的不使用引号。有些公司介绍的编写者告诉我，他觉得一些荣誉名称大家一看就懂，甚至很熟悉，而一些荣誉名称大家不太熟悉，熟悉的可以不使用引号，不熟悉的应该使用引号，以示强调。其实，这样做会造成标准不统一，或者引号满篇，所以我建议最好都不使用，当然也可以都使用。都不使用的好处是整个文稿看起来干净、整洁，而且不使用引号并不会影响文意表达。

3. 书名号的用法及常见错误

在公司介绍中，书名号仅适合用于书名、文章标题、规定名称、标准名称等。常见的错误是，将书名号用于活动名称、会议主题、荣誉、机构名称等。

示例

修改前：

某公司重视过程控制，注重产品质量，先后被评为《市级重合同守信用单位》《省级文明诚信民营企业》《省级百家诚信单位》。

修改后：

某公司重视过程控制，注重产品质量，先后被评为市级重合同守信用单位、省级文明诚信民营企业、省级百家诚信单位。

【修改说明】

由于这些都是所获得的荣誉，不应当使用书名号。如果编写者希望引起读者重视，可以使用引号。但由于该文中所列的荣誉都是耳熟能详的，不使用引号读者也能看明白，而且不使用引号的版面更简洁、清晰。

示例

修改前：

目前，某某公司是国内蚯蚓行业唯一一家《院士专家工作站》项目承担单位。

修改后：

目前，某某公司是国内蚯蚓行业唯一建立院士专家工作站的公司。

【修改说明】

院士专家工作站是一个企业与专业院校合作共建的科研机构，不能使用书名号。出现这个错误的原因是编写者对书名号的用法不了解，但又认为这是公司宣传的亮点，希望引起读者的重视。其实，院士专家工作站已经足够清晰地说明了自己的名称与性质，不使用任何标点符号读者也能看明白。附带补充一点，很多公司介绍标号的错用和滥用，都是编写者过分在意某项内容，希望特别给予标示才导致的。因此，我想提醒大家，标点符号并不是用得越多越好，该用则用，不该用则不用。在日常工作中，我见过的在标点符号使用方面画蛇添足的案例太多了。

示例

修改前：

2020年2月，某某生物工程（天津）有限公司通过武汉国家生物产业基地建设办公室，为奋战在武汉抗疫一线的医护人员与患者捐赠价值70 000元的《龙络康》牌药食同源健康食品和《地龙蛋白》压片糖果。

修改后：

2020年2月，某某生物工程（天津）有限公司通过武汉国家生物产业基地建设办公室，为奋战在武汉抗疫一线的医护人员与患者捐赠价值70 000元的龙络康牌药食同源健康食品和地龙蛋白压片糖果。

【修改说明】

龙络康是某某生物工程（天津）有限公司的是注册品牌，无须用书名号；地龙蛋白是该公司通用产品，也无须用书名号。

产品法律法规、国家标准、行业标准、企业标准全称应该用书名号。书名号表示书名或者文章名，各类标准也是一本书，因为通常国家标准和行业标准都会正式出版单行本。此外，一般来说，凡是正式发行的标准，也可以视为一篇规章制度类文章，所以要用书名号。但是，如果只是泛指标准、规定、制度，并没有特指哪项标准、哪项规定、哪项制度，就不应该用书名号。

4. 并列引号、书名号之间不应使用标点符号

因为公司介绍中这类错误出现的概率非常高，所以这里特别指出来。

示例

修改前：

某某公司先后获得“全国乡镇企业创名牌重点企业”、“国际质量信用等级 AA”、“全国工商联汽摩配用品行业十大民族品牌”、“全国汽车用品优秀品牌”等多项荣誉。

修改后：

某某公司先后获得“全国乡镇企业创名牌重点企业”“国际质量信用等级 AA”“全国工商联汽摩配用品行业十大民族品牌”

“全国汽车用品优秀品牌”等多项荣誉。

【修改说明】

示例中有很多关于荣誉奖项的介绍。荣誉奖项是公司的骄傲，不少编写者习惯把荣誉奖项用双引号引起来，以示强调。优秀的公司往往会获得多项荣誉，在做并列介绍时，如果荣誉标有双引号，荣誉之间就不必再使用顿号了。这类错误非常多见，我们应该引起重视。修改的依据是《标点符号用法》4.5.3.5 条规定：“标有引号的并列成分之间、标有书名号的并列成分之间通常不用顿号。”

我的个人体会是，因为并列成分已经带上了引号、书名号，如果再用顿号，三个标点符号挨在一起，显得过于复杂、拥挤。

5. 间隔号的用法及常见错误

在公司介绍中，间隔号的使用主要体现在月与日的间隔、外国人名中的间隔。常见的错误有以下几种：一是将间隔号错用成西文中的点号；二是在含有月与日的固定节日之间可以不用间隔号而用了间隔号。比如，“三八”妇女节，“三”和“八”之间可以不用间隔号，因为这个节日众所周知，不会产生歧义。同理，“五四”青年节、“五一”劳动节的数字中间都无须加间隔号。

三、其他常见错误

1. 用空格代替标点符号

在公司介绍中，企业文化部分经常引用企业使命、企业精神、企业价值观等内容。我看到很多公司介绍中，企业文化短语和短句之间用空格隔开，这类错误十分常见。

示例

修改前：

本着“诚信　团结　敬业　奉献”的企业精神，某某公司将持续为客户提供优质服务。

修改后：

本着“诚信、团结、敬业、奉献”的企业精神，某某公司将持续为客户提供优质服务。

【修改说明】

在公司介绍的正文，并列词语之间应当用顿号。但是，为什么会时常出现并列词语或短句之间用空格隔开的问题呢？

经过深入研究发现，在一些公司的企业文化手册或企业文化宣传海报、标语上，该用标点的地方用了空格，而公司介绍的编写者认为企业文化并列词语或短句之间本来就没有标点，只有空格，所以机械地将其复制到公司介绍中。其实，出现这种错误的主要原因是对企业文化的表述语一知半解。企业文化理念挂在墙上是标语，说在嘴上是口号，这只是形式而已。作为标语、标题出现时，为了满足版式美观的需要，往往把并列词语或短句之间的标点换成空格，但在公司介绍的正文中，应该加上适当的标点，否则不但不规范，还可能使人误解。

因此，公司介绍的编写者对企业文化的理解不能只停留在表面，要“知其然，更知其所以然”，这样才能游刃有余地处理文字、标点、版式之间的关系，做到文字和标点的应用既符合基本规范，又能够在特殊情况下照顾到版式的美观。

2. 序列号后标点符号的用法及常见错误

在公司介绍中常用到序列号。序列号后的标点符号应如何使用呢？具体来说，应遵循以下几点。

第一，在汉字数字序列号后面，标点符号应使用顿号。

例如："一""二""三"后面使用顿号。

第二，在阿拉伯数字序列号后面，标点符号应使用西文点号。

例如：序列号"1""2""3"后面使用西文点号。

第三，序列号前面带有"第"字，如"第一""第二""第三"，标点符号应使用逗号。

常见错误是在阿拉伯数字序列号后面，标点符号使用顿号、逗号、冒号。

示例

修改前：

某某集团生产电子线路板，产品分为两类：1、硬板，包括电器硬板和电子硬板；2、软板，包括刚性软板和柔性软板。

修改后：

某某集团生产电子线路板，产品分为两类：1. 硬板，包括电器硬板和电子硬板；2. 软板，包括刚性软板和柔性软板。

【修改说明】

这是十分常见的阿拉伯数字序列号后面使用顿号的错误示例。在此，我用一组真实的对话来进行解释。

某上市公司的资深企划专员问我："阿拉伯数字序列号后面到底应使用西文点号还是顿号?"我说："西文点号。"她说："我也认为应使用西文点号，但我看到很多公司介绍，甚至十分权威的部门颁发的文件中都使用顿号，所以我向你咨询一下。"我说："你知道为什么很多文件中都使用顿号吗?"她说："我理解编写者的心理，他们可能认为顿号在视觉上比西文点号更明显、更清晰。如果使用西文点号，则不如顿号看得清晰。"我说："有道理，因此我通常会在西文点号后面再空一格，这样就清晰了。"她说："我也是这样处理的。"

那么，为什么阿拉伯数字序列号后应使用西文点号，而不使用顿号呢？因为阿拉伯数字是西文，西文配西文点号，这是合理的规定。如果是汉字数字序列号（如"一""二""三"），就应该配中文顿号。这就是规定遵循的逻辑。如果编写者不懂得其中的道理，一知半解，死记硬背，就不可能真正用对、用好标点符号。

还有一个特例，就是文中有"第一，第二，第三……"这样的表述时，数字后面不应使用顿号，而应使用逗号。原因是数字前面加上了“第”字，已经不是单纯的序列号，而是代表语气的长停顿，所以应使用逗号。

还有一种常见的错误，当阿拉伯数字加上括号代表序列号时，后面不应再加任何标点符号。常见的错误是括号后面再加顿号或西文点号，如“（1）、”“（1）.”“（一）、”，这类错误属于标点符号的叠加。

综上，数字序列号后面的标点符号标准用法如下：

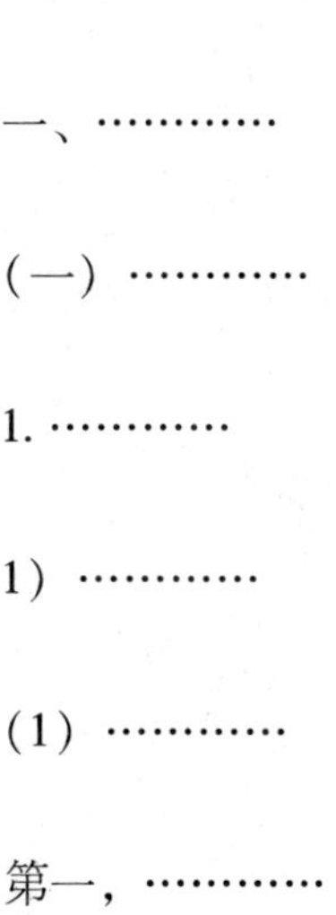

一、…………

（一）…………

1. …………

1）…………

（1）…………

第一，…………

此外，在编辑文件时，有一种逻辑更为严谨的数字序列法，全部都用阿拉伯数字，章、节、条目之间的关系用西文点号表示。这种数字序列法适用于科技型公司的专项介绍、公司年报、公司规章制度、项目可行性分析报告等，具体如下：

1

1. 1

1. 1. 1

四、网络符号的应用

在网络传播时代，自然形成了一些网络符号，这些网络符号比较受年轻人欢迎。在公司介绍中，如果为了吸引年轻的客户群，则可以适当地使用网络符号。这些网络符号代表特定的意义，虽然不在标点符号体系内，但与标点符号一样，可以起到辅助文字表达的作用。有时候，适当地使用网络符号，也是与时俱进的表现。

总之，作为公司介绍的文案编写者，一定要牢牢地掌握标点符号的用法，并且深入思考标点符号用法规定背后的逻辑。这样才能在任何情况下，都规范地使用标点符号，使公司介绍在标点符号方面无懈可击。

另外，作为平面设计师，如果你的文字功底深厚，对标点符号的理解和使用非常到位，那么在设计的过程中，更易抓住公司介绍的重点和要点，更能够灵活地处理版面设计和标点符号之间的关系，设计出来的版式也更容易获得大家的认可与好评。

后记 小题大作，大作细作

《3 分钟，让公司介绍发光》终于结稿了。回想它的缘起，是脱胎于 2020 年年初我写的一篇大约 3000 字的文章，题目叫《公司简介如何写》。这篇文章发布后，引起了读者的广泛关注，还被一些公司转载，给相关人员提供了一些切实的帮助，帮助他们解决了工作中的一些困扰，提高了工作的效率。

电子工业出版社的责任编辑张振宇先生看到这篇文章后，意识到这是一个企业普遍关心的选题，希望我就此撰写一本书。

对此提议，我的第一反应是“不可能”。因为我觉得该写的内容都已经在那篇大约 3000 字的文章中写过了，如果要撰写一本书，那么还需要进行大量的研究。那篇文章源自我在一个项目中对几百份公司简介审核和校对的心得总结，但要撰写一本书，这显然是远远不够的。

好在，我多年来一直从事企业咨询工作，职业的需要使我刻意对一些公司持续关注，我知道这些公司之所以能够取得良好的发展，除其产品与服务能够真正满足客户的需要外，还有一个重要的因素——它们持之以恒地进行全面、系统的公司介绍，精心编织公司的品牌传播之网。我还有许多在公司一线负责企业文化建设与品牌传播的朋友，我们经常在微信群里探讨业务，他们都是专业人士，我们相互了解，他们为我提供了很多一线的案例，并给出了宝贵的建议。基于得天独厚的条件，我最终接受了出版社的约稿，开始着手对公司介绍进行系统、深入的研究。

在边研究边写作的过程中，我发现这个选题确实很有价值。因为很多公司介绍的编写者，往往照猫画虎、简单模仿，对公司介绍并没有理解透彻，更没有形成对公司介绍体系的全面认知，有些编写者虽然勉强可以胜任这份工作，但他们仍然处于“知其然而不知其所以然”的状态，在遇到复杂情况时便不知该如何应对，往往会陷入困惑。此外，有些公司的公司介绍传播率不高，利用效果还有待提高；有些公司还没有把公司介绍上升到一种经营思维高度，孤立地对待公司介绍，没有将其与经营管理、品牌推广及市场营销很好地融合起来。因此，我决定将这个选题研究与图书撰写的项目定位为“小题大作，大作细作”。

我知道，很多领先的研究成果，最初都是从看似不起眼的需求切入的，进而展开深入研究，最后收获了意想不到的成效。那么，我不妨将“让公司介绍发光”作为一个切入点，进行深入、发散性、系统性研究，看看有什么样的收获。

出乎意料的是，在研究和写作的过程中，我逐步认识到，公司介绍不像编写一家公司的介绍文件那么简单，如果能把公司介绍当作一种笃定的思维模式，将其贯穿产品研发制造、市场营销、经营管理等环节，把它当作经验沉淀和品牌资产的积累来对待，意义就大不一样了。

从语言文字和公文写作的角度，我尝试着把公司介绍提升到一个特殊的商业文体的高度，让从事企业管理的职业人士充分地认识到公司介绍的重要性，并充分掌握公司介绍的撰写方法，从而为经营管理和市场营销提供有力的支持，为品牌资产的增值提供坚实的保障。同时，我试图讲清楚如何应对数字时代电商大发展的客观需要，做好公司介绍的制作与传播。

我希望，读者不仅可以从本书中系统地了解公司介绍的内容、结构、逻辑、具体表达等知识与技能，在实际工作中轻松规避常见的问题，还可以通过一些行业代表性公司的案例，拓宽自己的视野，从中学习公司介绍编写、制作、传播的方法，领悟公司介绍与公司经营管理之间的深层次关系，真正把公司介绍当作一种商业思维模式来看待，时时应用、处处应用，探索出一套公司介绍在全场景、全流程应用的操作方法与标准，助力公司健康发展。

感谢电子工业出版社对我的信任，为我提供了一个对重要领域进行深入、系统研究的机会，同时感谢责任编辑张振宇先生对我的鼓励与支持，使我专心投入精力完成此项目的研究。

虽然现在人们被各种碎片化的手机信息所"绑架"，真正静下心来阅读一本书的时间越来越少了，但正是因为数字营销时代的到来，促使人们在线销售和网上购物的习惯已经形成，各个商家需要通过特定的文字、图片、音频、视频来介绍自己的产品，而广大消费者需要通过在线浏览特定的内容，从众多同类产品中进行筛选，最后购买到心仪的产品。因此，阅读本书，无论是商家还是消费者都会有所收获。更何况，在当今时代，每个人、每家公司，可能既是商家又是买家，让公司介绍发光与每个人、每家公司都有关系。

最后，非常期待您的真诚反馈。

2022 年 6 月